LA ADMINISTRACIÓN
EN LA IGLESIA
CRISTIANA

WILFREDO CALDERÓN

La misión de Editorial Vida es ser la compañía líder en comunicación cristiana que satisfaga las necesidades de las personas, con recursos cuyo contenido glorifique a Jesucristo y promueva principios bíblicos.

LA ADMINISTRACIÓN EN LA IGLESIA CRISTIANA
Edición en español publicada por
Editorial Vida – 1982
Miami, Florida

©1982 por Wilfredo Calderón

Diseño de cubierta: *Gustavo A. Camacho*

ISBN: 978-0-8297-1354-1

CATEGORÍA: *Iglesia cristiana /Administración*

IMPRESO EN ESTADOS UNIDOS DE AMÉRICA
PRINTED IN THE UNITED STATES OF AMERICA

24 25 26 27 28 LBC 90 89 88 87 86

Dedicatoria:

Dedico esta obra con sincero afecto al reverendo William
D. Alton, cuyas cualidades y aspiraciones de líder cristiano
serán siempre fuente de ejemplo y motivación para el
liderazgo de la Iglesia en América Latina.

Prefacio

Con la gran expansión de la Iglesia Evangélica se ha visto la necesidad de un ministerio bien preparado para guiar y enseñar a las multitudes que día a día vienen a formar nuevas congregaciones y engrandecer las ya existentes. Junto con la expansión se han desarrollado nuevos métodos y técnicas. El ministro de hoy no solamente es un líder espiritual sino también un administrador de la obra de Dios y le urge conocer las técnicas de la administración.

Este libro, escrito por mi hermano en Cristo y colega en el campo de la educación cristiana, ayudará mucho a dar orientación y conocimentos a muchos ministros, y otros que utilicen sus conceptos.

El autor es un hombre bien preparado intelectualmente y sus años en el ministerio le han provisto de amplia experiencia. Su éxito como evangelista, pastor, consejero, profesor, autor y director de Instituto Bíblico son testimonio de la eficacia de los conceptos que él comparte en su libro. Creo que esta obra merece la atención de cada ministro que quiera mejorar sus métodos de guiar esta gran obra de Dios.

Rdo. William R. McCall
Presidente del Seminario
Latino Internacional

Nota introductoria

Objetivos

La Administración, como casi todas las ciencias y disciplinas, no ha llegado a su estado final; ni siquiera ha alcanzado su máximo desarrollo: estamos apenas empezando a explotar un inmenso caudal de recursos sociodinámicos que habrá de engrandecer la misión del liderazgo y las relaciones intergrupales.

Este autor no cree que en el presente libro se diga todo lo que se debe saber sobre Administración. Esto no es el producto de un crecido conocimiento sobre la materia. Tampoco pretende substituir el uso de otros manuales y guías ya existentes, que aunque escasos, pueden obtenerse y usarse. Tres factores me movieron a preparar esta obra: 1) un sincero deseo de compartir con muchos compañeros en el ministerio, algunos conceptos que han sido de gran utilidad; 2) la notable escasez de este tipo de literatura, como lo señalaba anteriormente, especialmente en lo relacionado a administración eclesial; y 3) animar a otros a darse a la tarea de investigar, practicar y comunicar los recursos de la ciencia administrativa.

Cómo surgió este libro

Inicié este trabajo mientras servía como Director del IBIDCA, en El Salvador, al regreso de una junta de educadores de la región centroamericana, a fines de 1972. En esa consulta celebrada en Panamá, se me asignó la tarea de preparar un curso de Administración cristiana, como parte de una serie de estudios ministeriales que proyectaba la superintendencia de dicha región. Otros colegas fueron nombrados para preparar los demás cursos. Aunque este proyecto no se verificó y no me fue posible terminar mi trabajo en el tiempo deseado, ya la iniciativa estaba en pie y el primer ensayo, de 80 páginas, quedó como base para un trabajo más abarcador.

El interés despertado en mí por la Administración me condujo a hacer investigaciones independientes y realizar estudios graduados con relación a esta materia. Descubrí dos cosas: Primero, la gran falta de orientación administrativa reinante en muchas partes de la Iglesia. Segundo, la existencia de un inmenso caudal de información escrita, que si se adapta y se pone en las manos de los líderes de iglesias y asociaciones puede producir grandes beneficios.

Cómo estudiar el libro

El lector notará, como ya algunos lo han manifestado, que la presente obra no es exclusivamente eclesial. Es decir, que no se quiso limitar en su enfoque y metodología únicamente a la situación local de la Iglesia, sino que se proyecta generalmente a varias esferas y a una visión multilateral del liderazgo cristiano. Debe, pues, estudiarse con ese principio en mente. Cuando este libro se use para la conducción de un curso de Administración, deberá complementarse con algunas de las obras mencionadas en la bibliografía. Además, se debe estudiar tomando en cuenta el sistema clásico de la tarea administrativa, como lo concibieron los fundadores de esta disciplina como Fayol y Taylor y como es presentada por la mayoría de los expertos modernos, como G. R. Terry, Urwick, A. Reyes Ponce, R. K. Brower y otros.

No ha sido un tarea difícil aplicar los principios de la Administración científica al sistema eclesiástico, porque partimos de la presuposición de que "la Iglesia es una empresa administrable". De esa manera procedemos a iniciar el curso con un planteamiento histórico y conceptual de la administración. Se hace énfasis en la etimología e historia de algunos términos y factores de carácter pastoral, eclesiástico y administrativo. Seguidamente se establecen las bases de todo intercambio ideo-dinámico, como son la comunicación y las relaciones humanas.

Después de las cuatro secciones introductorias, entramos ya en materia específica a través de seis etapas funcionales: apreciación, planeación, preparación, organización, ejecución y evaluación. Después de la presentación del plan general de la administración y por considerarlo muy necesario, se da una introducción a los procedimientos parlamentarios con el fin de ayudar al administrador a sacar mayor provecho de sus juntas de negocios. Eso sí, se espera que el estudiante realice los ejercicios y trabajos indicados al final de cada capítulo y busque la manera de ampliar y experimentar los conceptos presentados.

Agradecimento

Nadie en el mundo es capaz de realizar una obra sin la ayuda y participación de otros. En la elaboración del presente curso han participado, en una u otra forma, varias personas a quienes presento mi sincero reconocimiento. Mucho aprecio el afecto y estímulo de mi esposa, quien constantemente me animó para que terminara el trabajo. De incalculable valor moral han sido las expresiones de amigos como los reverendos H. Camacho, V. Wolf, H. Almirudis, G. Picado, K. Vargas y mi hermano Marco Tulio. De manera muy especial contribuyó el decidido apoyo del reverendo W. R. McCall, quien me ha alentado no sólo a terminar sino a reproducir este material.

En la lectura, mecanografía y reproducción de la edición a mimeógrafo colaboraron los seminaristas Daniel Reynoso, Joel Rodríguez, Pedro Bernal y Abel Covarrubias. Tuve también la acertada ayuda de la señorita Willa F. Lynn, profesora del Seminario. También agradezco la valiosísima contribución de alumnos, con quienes he usado este material como libro de texto, no sólo en el Seminario en Panamá, sino también en centros de extensión en América del Sur, quienes con toda franqueza e interés me han ayudado a revisar el contenido.

Finalmente agradezco de antemano toda crítica y sugerencia para que este humilde y sencillo volumen pueda ser mejorado y sea así de mayor utilidad para todos aquellos que tengan acceso a él. Ninguna recompensa será mejor para mí que la satisfacción de saber que este libro ha servido en algo a aquellos que, como Pablo, dicen: ". . .téngannos los hombres por servidores de Cristo, y administradores de los misterios de Dios" (1 Corintios 4:1).

Wilfredo Calderón

INDICE GENERAL

PRIMERA PARTE

Líder, Iglesia y Sociedad

RAZON Y CONCEPTOS DE LA ADMINISTRACION ECLESIAL	**1**

A. El verdadero ministerio; sus funciones

El cuadrilátero ministerial indispensable para la Iglesia de hoy

No podemos pensar en la Iglesia como un centro de predicación solamente; como tampoco la percibiremos como una mera agencia de desarrollo y bienestar social. La Iglesia es una institución divinamente establecida para desarrollar en el mundo un programa integral; es decir, una misión cuádruple: predicar, enseñar, pastorear y administrar.

El líder cristiano, consecuentemente, opera en un verdadero cuadrilátero de funciones:

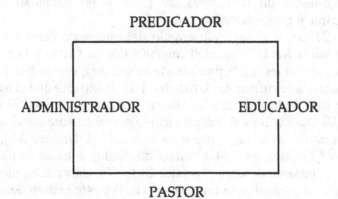

PREDICADOR

ADMINISTRADOR   EDUCADOR

PASTOR

1. *La predicación* (kerigma o kérygma) es la proclamación del evangelio. La palabra *predicador* viene de *kéryx*, heraldo, que era el que comunicaba al pueblo las noticias del reino. La predicación es la tarea por excelencia, encomendada al hombre de Dios.

Orlando Costas dice:

> Entre las múltiples responsabilidades del pastor, la que tiene mayor prioridad es la predicación. El énfasis que se le dio a la predicación en la liturgia protestante a partir de la Reforma, hizo que ésta se convirtiera en la tarea más importante encomendada al pastor. De ahí que, en la mayoría de las Iglesias protestantes, la eficiencia de un pastor se mide generalmente por su éxito como predicador.[1]

Sabemos bien que esta manera de medir la eficiencia de un pastor es unilateral; pero exceptuando algunos casos, un buen predicador es también un buen maestro, un consejero y un excelente administrador. Especialmente cuando tiene conciencia de que la predicación es una tarea multidimensional. Involucra un verdadero proceso comunicativo de proporciones tales, que en él hay elementos espirituales, emocionales, sensoriales y mecánicas. Los requisitos personales del predicador según el doctor J. Broadus son: (1) una vida de santidad; (2) dotes naturales, como raciocinio, sentimientos, imaginación, buen vocabulario y buena voz; (3) conocimiento de todo, pero mayormente de la Palabra de Dios; y (4) habilidad para preparar y presentar el sermón.[2]

2. *Educar* es el segundo ángulo del ministerio cristiano. La enseñanza fue la ocupación característica de Cristo y también de los apóstoles. En la predicación se siembra; en cambio, en la enseñanza se cultiva. En 2 Timoteo 1:11, Pablo dice que él había sido constituido predicador (*kéryx*) y maestro (*didáskalos*) y al dar las cualidades del obispo incluye enfáticamente como muy importante la de ser "apto para enseñar" (1 Timoteo 3:2). La Gran Comisión es: "Id y haced discípulos a todas la naciones. . . enseñándoles. . ." (Mateo 28:19, 20). Hacer discípulos es un proceso transformador y vivencial. Por este motivo demanda una serie de pasos, como lo presenta el doctor Gregory:

(1) Un maestro preparado; (2) un alumno interesado; (3) un lenguaje apropiado; (4) una lección bien planeada; (5) la interacción del maestro con el alumno; (6) la reproducción inteligente de parte del alumno; y (7) la evaluación práctica del proceso.[3]

3. *Pastor* (**poimén**) es el que apacienta. Las palabras pastor y pasto vienen de la misma raíz y los cuadros más expresivos de la verdadera función pastoral los hallamos en el Salmo 23 y en Juan 10. Pastorear es alimentar, confortar, guiar, acompañar y "ungir". Esto último lo hace el pastor, porque su cuerno está lleno de aceite. Todo hombre ungido por el Espíritu Santo infunde vida y entusiasmo aun en el valle de sombra y de muerte. Las características de Cristo el buen pastor son maravillosas y establecen las metas de todo buen pastor: (1) Da su vida por las ovejas: una vida enteramente consagrada a Dios y a su servicio. (2) Conoce sus ovejas: no sólo se conoce la lista de los que hacen más, sino que está familiarizado con todos los que constituyen la grey. Conoce y alivia sus necesidades espirituales, psicológicas, físicas y sociales. (3) Las ovejas lo conocen a él: su vida es una realidad indiscutible en la formación cristiana de cada miembro, de tal manera que todos lo reconocen, lo aman y lo obedecen.

4. La *administración* administración cierra el cuadro funcional del ministerio. Ganar, educar, consolidar y usar, es el procedimiento integral en la Iglesia. Usar e implementar a las personas en el ministerio que debe ejercer la Iglesia es algo que sólo puede realizar de una forma exitosa aquél que cuenta con la información necesaria sobre la mecánica y la dinámica de la administración. La Iglesia de hoy necesita tener líderes: "Donde no hay dirección sabia caerá el pueblo" (Proverbios 11:14).

El hexágono funcional de la administración

Toda administración debe contar con una base estructural de acuerdo con sus objetivos. A partir del capítulo cinco de este libro, analizaremos la Ciencia Administrativa aplicada a la Iglesia. Sus seis pasos o etapas se ilustran con la siguiente figura geométrica; ya que se concibe la Administración como un proceso funcional que consiste en *apreciar, planear, preparar, organizar, ejecutar y evaluar.*

Quede esta ilustración en la mente del lector hasta que lleguemos al capítulo cinco; mientras tanto, veamos qué es la Administración; qué empresa nos proponemos administrar; qué importancia tiene la comunicación en este negocio; y por qué el administrador debe fomentar las mejores relaciones humanas. . . Hagamos conciencia de la urgente necesidad de que haya líderes dinámicos en la Iglesia.

B. Reseña histórica de la Administración

Los conceptos administrativos hasta el siglo XIX

La administración es tan antigua como la misma raza humana. Antropólogos e historiadores concuerdan en que los seres humanos como seres sociales, han vivido siempre en grupos. Las agrupaciones se han formado de acuerdo a raza, color, lengua, religión, o tipo de trabajo (cazadores, pescadores, pastores, agricultores, industriales, comerciantes y aun pandilleros). La autoridad en cada grupo se ha hecho sentir a través del patriarca, el cacique, el rey, el presidente, etc. George R. Terry dice que "las antiguas civilizaciones situadas al oeste de Mesopotamia, los escritos egipcios, la historia de la antigua Grecia y la del Imperio Romano indican el conocimiento y uso de la administración".[4] Sin embargo, aunque ha habido algún tipo de administración desde el tiempo de las

:ribus y las hordas, la "Ciencia de la Administración" o la "explosión tecnológica" es nueva y transitoria.

Los principios administrativos van mejorando a medida que la labor o la industria se moderniza. No se puede manejar el personal de un taller de ensamble, donde cada objeto va pasando de mano en mano para la hechura y montaje de cada parte, como se manejaría una fábrica del siglo pasado, donde una o dos personas hacían todo el trabajo. Según Terry, "hasta mediados del siglo XVIII, los pueblos de Europa occidental empleaban básicamente los mismos métodos e implementos de producción que habían estado en uso por más de veinte siglos. Después, en el transcurso de unas cuantas décadas, hubo una serie de investigaciones que alteraron demasiado todo el cuadro de la actividad industrial".[5] El surgimiento de la producción masiva hizo necesaria la adopción de métodos más eficientes en el trato con los que realizaban la labor y con los que la supervisaban. De acuerdo con la Enciclopedia Británica, el gran cambio histórico en la organización del trabajo ocurrió en la Inglaterra del siglo XVIII con su Revolución Industrial. La introducción de nueva maquinaria y el impacto de la nueva tecnología produjo una organización racional de las funciones laborales, distinta de la tradicional supervisión del trabajo manual.[6]

La administración después de la Primera Guerra Mundial (1914-1918)

Los estudiantes de la ciencia administrativa hallan en la Primera Guerra Mundial la iniciación de una nueva era en la administración industrial, política y militar. La crisis de la postguerra debía ser superada con el avance industrial. Mejoró la fabricación de vehículos y nuevos equipos para el desarrollo de construcción, la metalurgia, la agricultura, el comercio y muchas ramas más, convirtiendo el mundo del siglo XX en un mundo moderno y complicado.

Peter F. Drucker destaca el hecho de que el fracaso de los alemanes al final de la Primera Guerra Mundial, se debió especialmente a la falta de comunicación, pues fueron hallados archivados informes y documentos que, si se hubieran comunicado, hubieran traído otra corriente de hechos mundiales. Estas experiencias hicieron despertar el interés por nuevos métodos y técnicas en las comunicaciones públicas y administrativas. Mejoraron entonces la radio, la telegrafía, la televisión, el teletipo, el radar y tantos medios comunicativos que han hecho de la administración un campo de especial interés. "Sobre todo", dice Drucker, "las comunicaciones en el campo de la administración han sido, durante este último siglo, de esencial interés para estudiantes y prácticos en toda clase de instituciones."[7]

Taylor y Fayol y la administración en el siglo XX

Frederick W. Taylor nació en Filadelfia en 1856. Estudió en Francia, pero se dañó la vista debido a tanto leer, por lo que dejó de estudiar y trabajó en un taller de mecánica. A los 22 años ingresó como jornalero en una industria de acero, donde en seis años llegó a ser el ingeniero jefe. Ya mejorado de la vista, siguió cursos de ingeniería en el Instituto Stevens. Realizó millares de experimentos y aplicó métodos científicos a la industria. La Enciclopedia Británica dice que "según Taylor, la tarea de la administración consiste en determinar la mejor manera en que un trabajador puede realizar sus labores, proveerle el equipo más apropiado, adiestrarlo para seguir instrucciones precisas y proveer incentivos para un cumplimiento mejor".[8] Del libro "Principios de la Administración Científica", se citan las palabras de Fred Taylor:

> "La búsqueda de hombres mejores y más competentes para que ocupen toda clase de cargos y posiciones, desde presidentes hasta criados, nunca ha sido más intensa que en estos momentos. . . Sin embargo, lo que todos andamos buscando es el hombre ya hecho y competente; el hombre ya formado por alguna otra persona. Unicamente cuando nos demos cuenta de que tanto nuestra obligación como nuestra oportunidad radican en colaborar sistemáticamente al adiestramiento de ese hombre competente, habremos comprendido el camino de nuestra eficiencia".[9]

Hablando de los objetivos de su libro (y sin duda se puede decir lo mismo de todo curso de administración), Taylor dice que éstas son técnicas propias para jefes de fábricas, directores de establecimientos, administradores de empresas, etc.

> Pero abrigamos la esperanza de que también los demás lectores notarán que los mismos principios pueden aplicarse con igual fuerza a todas las actividades humanas: en nuestros hogares, en nuestras iglesias, en nuestras escuelas, etc.[10]

Taylor es conocido como *el padre de la Administración Científica* en América. Más tarde tendremos la oportunidad de mencionar y considerar sus técnicas, que tanto han influido sobre el pensamiento ejecutivo.

Henry Fayol también fue un personaje importante en el desarrollo de las técnicas de administración empresarial en Francia. Nació en 1841 y desde fines del siglo pasado hasta 1918, como ingeniero y director industrial, dio a Francia y al mundo mucho de la técnica administrativa del siglo XX. Su doctrina, conocida como *fayolismo*, ha sido calificada por algunos como "una escuela de jefes". Citamos las palabras de Fayol:

> Se puede decir que hasta ahora el empirismo ha reinado en la administración. Cada jefe gobierna a su manera sin inquietarse por saber si hay leyes que rigen la materia. Hay que introducir el método experimental. Es decir: observar, recoger, clasificar e interpretar los hechos, instituir experiencias y sacar reglas.[11]

Estaremos citando a Fayol, como también a un gran número de expertos en administración y trataremos de aplicar sus sistemas a la administración cristiana, que es el objeto de la presente obra.

C. Términos y definiciones.

Etimología y sinónimos de "administración"

Cuando se habla de un administrador, algunos piensan en un gobernador déspota, quien por alguna razón ocupa una posición alta en la organización. Y es triste admitirlo, pero muchos administradores así se están comportando en la actualidad. Es cierto que hay gobierno, autoridad y grandeza en la administración; pero todo esto viene a través del servicio, la subordinación y la coordinación. Atendiendo a su etimología, la palabra "administrar" viene de una palabra latina, compuesta por la preposición *ad*, a, y *ministrare*, servir. La raíz de las palabras *ministrare* y *minister* es *minus*, que significa *menos*. De manera que un administrador es el que sirve a los demás y en su calidad de servidor se convierte en la persona clave en una organización.

En inglés se usan indistintamente los términos *administration* y *management*. La traducción literal de esta última palabra es *manejo* y enuncia perfectamente las funciones de manejar, dirigir y movilizar. La Enciclopedia Británica describe las funciones de la *Management Science*, o la ciencia de administrar, de la manera siguiente:

> (1) Descubrir, desarrollar, definir y evaluar los objetivos de la organización y los planes de acción para alcanzar tales objetivos; (2) lograr que la organización (corporación o iglesia) adopte esos objetivos y planes; (3) organizar y coordinar la acción; y (4) tomar nuevas medidas para un nuevo curso de acción.[12]

Podemos deducir, entonces, que el *manager* o administrador es el encargado de idear y realizar, por medio de todos los elementos disponibles, humanos y no humanos, todas las actividades de la corporación. En su oportunidad trataremos acerca de la relación que hay entre la Administración y otras ciencias, como la Sociología y la Psicología. Por el momento, veamos la importante relación semántica y práctica entre la administración y la "economía", especialmente por ser éste un curso de Administración cristiana, cuyas bases greco-bíblicas deben tomarse como marco de referencia.

Palabras griegas: (oikonomía) y (oikonómos)

Lo esencial del término *administración*, se halla en la palabra compuesta *oikonomía*, de *oikos*, *casa*, que no sólo es el edificio, sino también incluye la idea de bienes y familia; y *nomía*, *cuidado*, manejo, atención. En este sentido es igual decir "economía" que "mayordomía". En Lucas 16:2 tenemos un ejemplo: "Entonces le llamó, y le dijo: ¿Qué es esto que oigo acerca de ti? Da cuenta de tu mayordomía, *(apódos toú lógon tés oikonomías sou)* porque ya no podrás más ser mayordomo (oikonom). De manera que los tres vocablos: ecónomo, mayordomo y administrador son sinónimos y describen en distintas formas al siervo encargado de los bienes y actividades de la casa de su amo.

Veamos algo más sobre el nombre oikonómos, administrador: A veces el mayordomo era un esclavo, como el caso de José en la casa de Potifar. "Así halló José gracia en sus ojos, y le servía; y él le hizo mayordomo de su casa y entregó en su poder todo lo que tenía. . . así en casa como en el campo". Por las propias palabras de José, sabemos que la posición de oikonómos o administrador era de absoluta responsabilidad: "No hay otro mayor que yo en esta casa" (Génesis 39:4-10).

D. Definición práctica de la Administración

Definiendo la administración por lo que es y lo que hace:

Henry Fayol dice que "administrar es prever, organizar, mandar coordinar y controlar".[13] G. R. Terry presenta la administración como ciencia y como arte:

> En esencia, un administrador es un científico y un artista. Necesita un cuerpo sistematizado de conocimientos que proporcione las verdades fundamentales que puede utilizar en su trabajo. Al mismo tiempo, debe inspirar, adular, lisonjear, enseñar e inducir a otras personas que sirvan al unísono y contribuyan hacia los objetivos deseados.[14]

También merece consideración la definición que da E. F. Brech: "Es un proceso social que lleva consigo la responsabilidad de planear y regular en forma eficiente las operaciones de una empresa, para lograr un propósito dado." La expresión *proceso social* es muy interesante, tomando en cuenta que el hombre es un ser social por naturaleza. El dinamismo del viejo refrán, *la unión hace la fuerza*, fue interpretado así desde hace muchos siglos. Un grupo motivado es capaz de emprender la construcción de una torre de Babel, y de organizar excursiones en cohetes a la Luna o a Marte. Si ese mismo incentivo social de administración se utiliza en la Iglesia, los resultados serán asombrosos; y si los hombres, por su propia iniciativa y para sus propios fines se manejan así, ¡cuánto mas se espera de la Iglesia!

He aquí nuestra propia definición, proyectada hacia el ministerio:

La administración cristiana es el proceso por el cual, la Iglesia, como un cuerpo, alcanza sus objetivos, a través de sus miembros; mediante la apreciación, la planeación y la organización, para una ejecución coordinada y efectiva. Esta definición contiene, en síntesis, lo que se estudiará en este curso. Veremos en la Iglesia, una verdadera empresa administrable. Analizaremos la importancia de las relaciones administrativas. Notaremos la utilidad de los objetivos en la tecnología administrativa, como también en el arte de apreciar y planear. Se observará cómo una organización mejor permite una ejecución más supervisada y produce óptimos resultados. Debe destacarse la frase "a través de sus miembros" en esta definición. Así diremos que administrar es realizar una acción a través, o por medio de otros, y que no es administrador el que hace las cosas por sí mismo; pues de ser así, indicaría falta, ya de capacidad para delegar, o de recursos que utilizar.

E. Objetivos de la Administración

1. Proveer mas y mejores líderes para un desarrollo mejor de las actividades

¡Escasez de hombres! Ya lo dijo el filósofo cínico Diógenes en el siglo IV a.C., cuando a plena luz del sol andaba por las calles de la ciudad de Atenas, con una lámpara encendida, alegando que buscaba un hombre. Otra vez, salía de un balneario y alguien le preguntó si habían muchos hombres adentro, a lo que él respondió: "Prefiero decir que hay mucha gente". Cristo se refirió a la escasez de líderes cuando dijo: "Los obreros son pocos". La falta de verdaderos líderes es la causa de las crisis, tanto empresariales, como eclesiásticas. Una agrupación o una iglesia no puede ser mejor que sus líderes. Citaremos las palabras del doctor Nesman en su libro titulado "Superación Comunal":

Los problemas de las comunidades se producen y existen por la falta de algún elemento. Muchas veces se cree que los problemas existen más por la falta de recursos materiales que por otra cosa. Pero está comprobado que aun con recursos materiales disponibles, no se progresa en la solución de los problemas si no hay líderes.

Con líderes mejores habrá iglesias mejores, organizaciones mejores y por lo tanto, una sociedad mejor. Hay tres tipos de líderes: (1) el que hala la carreta por sí mismo y lleva al grupo donde él quiere; (2) el que deja que los demás lo hagan mientras él va sentado cómodamente, y (3) el que instruye y anima a los demás haciéndoles trabajar como si la iniciativa fuera de ellos; nadie piensa que se está haciendo lo que el líder desea, pero en efecto así es. Se recomienda la lectura del libro "Aprenda a ser líder", por G. S. Dobbins, de quien citamos lo siguiente:

Se acepta como un hecho que los dirigentes nacen y se hacen. Hay cualidades heredadas genética y socialmente que inclinan a unas personas más que a otras hacia la dirección de otros. También hay cualidades que se pueden adquirir por medio de los procesos del aprendizaje y de la experiencia.[15]

2. *Lograr más armonía entre los elementos de la iglesia o asociación*

Se dice que los seres humanos se relacionan con los demás cooperando, compitiendo o peleando. La administración, por medio de una transacción racional y una distribución equitativa de deberes y privilegios logra la unidad armoniosa para el éxito. Los tres factores indispensables para la unidad son: (1) Comunicación entre los individuos; (2) Voluntad de servir, lo cual puede conseguirse a base de una apropiada comunicación; (3) Un propósito u objetivo común que unifique los esfuerzos de todos.

3. *Engrandecer y multiplicar los resultados de la labor del grupo*

Todo líder desea el crecimiento de su obra. Si no hay esa

aspiración, todo se tornará rutinario y desalentador. El fracaso de muchos movimientos se debe a la falta de técnicas administrativas de los que dirigen. Nadie quiere seguir a un guía miope. La administración ha traído como resultado el desarrollo, no sólo de los cuerpos pequeños, sino también de los países. Peter F. Drucker observa cómo el desarrollo de los países industriales de hoy se debe a la administración:

> Puede decirse, sin pecar de exceso de simplificación, que no existen "países subdesarrollados", sólo hay países "insuficientemente administrados". Hace cien años, Japón era un país subdesarrollado en todos los aspectos materiales, pero pronto creó cuerpos administrativos de gran competencia y de superior calidad. En un lapso de 25 años, el Japón de la era de Meiji se había convertido en un país desarrollado. Esto significa que la administración es la principal fuerza motriz y que el desarrollo es su consecuencia.[16]

Esta ha sido también la experiencia de muchas iglesias que después de años de estancamiento han sido encomendadas a pastores con habilidades administrativas. En poco tiempo se aprecia el cambio en todo: más asistencia, más actividades, más fondos, más armonía y por lo tanto, más desarrollo espiritual.

Ejercicios y aplicación

1. ¿En qué consiste la misión de un *kéryx*?
2. ¿Cuáles son los requisitos para predicar?
3. Describa el ministerio de la educación.
4. ¿Qué diferencias hay entre predicar y enseñar?
5. ¿Qué es un *poimén* y cuáles son las características del mismo?
6. ¿Por qué necesita el líder cristiano ser un administrador?
7. Mencione las seis etapas de la administración.
8. ¿Qué se puede decir de la administración en las sociedades primitivas?
9. ¿Qué se puede decir de la administración desde la "revolución industrial"?
10. ¿Qué cambios se observan en la administración después de la Primera Guerra Mundial?

11. Haga un breve resumen de lo que se dice aquí de Taylor y Fayol.
12. Describa la etimología de la palabra "administración".
13. Según la Enciclopedia Británica, ¿qué es administrar?
14. Describa el significado de las palabras *oikonómos* y *oikonomía*.
15. Dé una de las definiciones presentadas.
16. ¿Cuál es nuestra definición de "Administración Cristiana"?
17. ¿Cuáles son los objetivos de la Administración?
18. ¿Cuáles son los factores para la unidad en la administración?
19. Según Drucker, ¿cuál es la razón del subdesarrollo de algunos países?
20. ¿Qué puede usted decir sobre la administración que existe actualmente en su Iglesia o asociación?

[1] Orlando E. Costas, *Comunicación por medio de la predicación* (Barcelona, España: Vimasa, Inc. Gráficas, 1972), p. 21.

[2] J. A. Broadus, *Tratado sobre la predicación* (El Paso, Texas: Casa Bautista de Publicaciones, 1976), p. 23.

[3] J. Milton Gregory, *Las siete leyes de la enseñanza*, (El Paso, Texas: Casa Bautista de Publicaciones).

[4] George R. Terry, *Principios de Administración*, Compañía Sartorial Continental, México, 1974, p. 24.

[5] *Ibíd.*, p. 25.

[6] Enciclopedia Británica, vol. 19, *Organization of Work*, 15th edition, 1974, p. 937.

[7] Peter F. Drucker, *Tecnología, Administración y Sociedad*, México: Impresora Galve, 1972, pp. 1 y 2.

[8] Enciclopedia Británica, vol. 19, p. 939.

[9] Frederick W. Taylor, *Principios de la Administración Científica*, Herrera Hnos., Sucs. México, 1973, p. 16.

[10] *Ibíd.*, p. 17

[11] Henry Fayol, *Administración Industrial y General*, Herrera Hnos., México, 1973, p. 131.

[12] Enciclopedia Británica, *Management Science*, vol. 6, p. 549.

[13] Henry Fayol, *Op. Cit.*, p. 138.

[14] George R. Terry, *Op. Cit.*, p. 33

[15] G. S. Dobbins, *Aprenda a ser líder*, Casa Bautista de Publicaciones, 1969, p. 10.

[16] Peter F. Drucker, *Op. Cit.*, p. 71.

A. Estudio etimológico e histórico del término "Iglesia"

El equivalente al nombre en el Antiguo Testamento

Cuando los escritores veterotestamentarios se referían a la reunión del pueblo de Israel, usaban cualquiera de estas dos palabras hebreas: *edhad* y *qahal*. *Edhah* no sólo designaba una "asamblea" de ancianos, sino también la "congregación" del pueblo. *Qahal* significa "llamar" y se usa con más frecuencia en los libros históricos para referirse al pueblo o a la asamblea de los hijos de Israel. El profesor L. Berkhof, citando a Hort dice que después del exilio, los judíos de habla griega traducían la palabra *qahal* por *ekklesía* y designaban con ella, tanto la congregación de Israel como una asamblea de la congregación.[1]

Algunos términos neotestamentarios que originan la palabra "Iglesia"

Hay dos palabras griegas usadas en el Nuevo Testamento para referirse a una congregación: *sunagogué* y *ekklesía*. Los léxicos griegos de Thayer y Pabon dicen que el término *sunagogué* significa reunir a una asamblea, aunque se usaba también para designar el lugar donde se congregaban los judíos: "sinagoga".

La palabra *ekklesía* es un nombre verbal. El verbo *ekkaleo*, que significa "llamar" o "sacar", da la idea de un grupo sacado o llamado, y aunque no se usa exactamente en esa forma, algunos escritores como Buswell, Deissman y Williams sugieren que el término *ekklesía* significa una asamblea convocada. Jesús fue el primero en usar esa palabra en el Nuevo Testamento, en Mateo 16:18: "Sobre esta roca edificaré (oikodomeso) mi iglesia (ekklesía)". El adjetivo posesivo "mi" al lado del nombre iglesia hace de Cristo el fundador y dueño de la Iglesia, su cuerpo de redimidos.

El doctor A. Strong la define así: "La Iglesia de Cristo, en su más amplio significado, es la compañía total de regenerados de todos los tiempos y edades, en el cielo y en la tierra, (Mateo 16:18; Efesios 1:22, 23; Hebreos 12:23). En este sentido, la Iglesia es idéntica al reino espiritual de Dios (Juan 3:3, 5)."[2] Pero Strong distingue a la Iglesia del Reino en el sentido de que el Reino visible de Cristo sobre la tierra es todavía un suceso escatológico. Otros, en cambio, hablan de la Iglesia como un "organismo" y también como una "organización". Como organismo comprende el cuerpo universal de redimidos, pero como organización se concibe cierta denominación o, a veces, la agrupación de creyentes en determinado lugar.

Koinonía es el término griego que describe la unidad espiritual y física de la Iglesia

La Iglesia primitiva se caracterizaba por su perseverancia "en la doctrina (*didajé*) de los apóstoles y en la comunión (*koinonía*) unos con otros" (Hechos 2:42). El cristiano participa de esa comunión desde su conversión. Pablo habló a los filipenses de esa "comunión (*koinonía*) en el Evangelio desde el primer día hasta ahora" (Filipenses 1:5).

Se trata de una comunión social y espiritual, como consta en las palabras de Juan: "Eso os anunciamos para que también vosotros tengáis comunión con nosotros; y vuestra comunión es verdaderamente con el Padre, y con su Hijo Jesucristo," (1 Juan 1:3). La *koinonía* o comunión con los demás, depende de la comunión con Dios, a base de iluminación, verdad y pureza (1 Juan 1:6, 7).

La frase latina *Communio Sanctorum* o comunidad de los santos identifica a la Iglesia con un cuerpo en plena comunión. Es decir, ese cuerpo, cuya cabeza es Cristo, se comunica con todos los miembros para que éstos realicen toda suerte de actividades. Estas actividades pueden ser internas o externas; para conservación o para crecimiento; para desarrollo intelectual o espiritual.

> Porque de la manera que en un cuerpo tenemos muchos miembros, pero no todos los miembros tienen la misma función, así nosotros siendo muchos somos un cuerpo en Cristo, y todos miembros los

unos de los otros (Romanos 12:4, 5).

Solícitos en guardar la unidad del Espíritu en el vínculo de la paz; un cuerpo y un Espíritu, como fuisteis también llamados a una misma esperanza de vuestra vocación (Efesios 4:3, 4).

Siguiendo la verdad en amor, crezcamos en todo, en aquél que es la cabeza, esto es, Cristo, de quien todo el cuerpo, bien concertado y unido entre sí por todas las coyunturas que se ayudan mutuamente, según la actividad propia de cada miembro, recibe su crecimiento para ir edificándose en amor (Efesios 4:15, 16).

¿Qué es la Iglesia de Cristo en el sentido administrativo?

La Iglesia es la agrupación de cristianos, cuyo desarrollo doctrinal y práctico depende de la Biblia y del Espíritu Santo, a través de la participación y utilización de todos los recursos, humanos y materiales, desde el *pentecostés* hasta el *"harpazós"* (Rapto), (1 Tesalonicenses 4:17). Se llama Iglesia de Cristo, por ser El su fundador (Mateo 16:18), su Salvador (Efesios 5:23), la Iglesia es su casa (Hebreos 3:6) y es su esposa (2 Corintios 11:2). Es la iglesia de Dios (Gálatas 1:13) y Dios es su administrador (Colosenses 1:25). Será muy interesante referirnos brevemente a la etimología de la palabra Iglesia en inglés, *Church*. La palabra *Church* no viene de la palabra *ekklesía*, que significa "asamblea", sino de la palabra griega *kuríake*, de *Kúrios*, Señor, y un sufijo que indica posesión. Esto concuerda con los conceptos bíblicos señalados arriba.

B. Los fundamentos de la Administración en la Biblia

En la Biblia se hallan valiosos ejemplos de Administración

La Biblia, que es fuente inagotable de toda sabiduría, abunda en información y ejemplos sobre la organización y el orden en materia administrativa.

1. En la Creación, Dios demuestra su omnisapientísima habilidad administrativa planeando, ejecutando, organizando y evaluando cada etapa creativa realizada. Nadie escapa de su control divino; y para la ejecución de su soberana voluntad

utiliza poderes, leyes, elementos y factores que lo representan y obedecen. La evaluación de su obra se halla en las palabras "Y vio Dios que todo era bueno en gran manera" (Génesis 2:31). Es decir, no le faltaba ni le sobraba nada. Este es el resultado de la buena administración, que a la hora indicada, lo tiene todo previsto y dispuesto. El hizo luz, porque pensaba hacer ojos; hizo oídos, porque había ondas sonoras; hizo toda suerte de alimentos, porque los "seres vivientes" estarían equipados de un formidable equipo digestivo y constante apetito.

2. En el Exodo también se aprecian ejemplos de una excelente administración. Se plantea el caso de la agotadora tarea de Moisés tratando de atender él solo las actividades y los problemas de todo el pueblo de Israel. Aparece su suegro Jetro y le recomienda "seleccionar hombres de virtud" para delegarlos y compartir con ellos las responsabilidades en medio de aquella agitada y furibunda comunidad. Considérese esta parte del relato:

> Aconteció que al día siguiente se sentó Moisés a juzgar al pueblo; y el pueblo estuvo delante de Moisés desde la mañana hasta la tarde. Viendo el suegro de Moisés lo que él hacía con el pueblo, dijo: ¿Qué es esto que haces tú con el pueblo? ¿Por qué te sientas tú solo, y todo el pueblo está delante de ti desde la mañana hasta la tarde? Y Moisés respondió a su suegro. Porque el pueblo viene a mí para consultar a Dios. Cuando tienen asuntos, vienen a mí; y yo juzgo entre el uno y el otro y declaro las ordenanzas de Dios y sus leyes.
>
> Entonces el suegro de Moisés le dijo: No está bien lo que haces. Desfallecerás del todo tú y también este pueblo que está contigo; porque el trabajo es demasiado pesado para ti; no podrás hacerlo tú solo. . . Escoge tú de entre todo el pueblo varones de virtud, temerosos de Dios, varones de verdad, que aborrezcan la avaricia; y ponlos sobre el pueblo por jefes de millares, de centenas, de cincuenta y de diez. Ellos juzgarán al pueblo en todo tiempo; y todo asunto grave lo traerán a ti" (Exodo 18:13-22).

¡Cuántos ministros se encuentran así de recargados con todas las responsabilidades de la iglesia! Si delegaran parte de su carga, se aliviarían ellos, y el pueblo prosperaría. Para eso es necesario: (a) aprender a confiar en los demás, (b) saber seleccionar y capacitar, y (c) saber estipular a cada uno su zona de acción.

3. Otra interesante lección es la de la organización del campamento y del tabernáculo. Cada tribu se ubicaba en su lugar correspondiente. Tanto al reposar como al movilizarse se observa en el campamento un orden asombroso. Nadie podía hacer lo que no le había sido indicado y los que tenían que hacer algo, lo hacían con exactitud. El tabernáculo fue diseñado y amueblado de acuerdo con el plan ordenado. El servicio sacerdotal se realizaba por turnos y de acuerdo con un manual, el Levítico. En la adoración, en la marcha o en la guerra, el pueblo se movía como un solo hombre.

La Iglesia está fundada sobre bases administrativas

El administrador por excelencia, Cristo, sentó las bases de una organización universal para su Iglesia. La técnica de "la acción concentrada" se ve en que, aunque el Señor predicó y llamó a las multitudes, escogió a un pequeño grupo de doce para comisionarles la continuidad de la obra que El había iniciado en el mundo:

> Después subió al monte, y llamó a sí a los que él quiso; y vinieron a él. Y estableció a doce, para que estuvieran con él, y para enviarlos a predicar a los cuales también llamó apóstoles. Entonces Jesús les dijo otra vez: Paz a vosotros. Como me envió el Padre, así yo también os envio. (Marcos 3:13, 14; Lucas 16:13; Juan 20:21).

Comentando esta estrategia, R. E. Coleman, en su libro *El plan supremo de evangelización*, dice que Jesús estaba más interesado en preparar y comisionar a unos pocos que en impresionar las multitudes.

En su carta a los Corintos, Pablo enfatiza que el siervo de Dios debe ser un buen administrador: "Así, pues, téngannos los hombres por servidores de Cristo, y administradores de los misterios de Dios. Ahora bien, se requiere de los administradores, que cada uno sea hallado fiel" (1 Corintios 4:1, 2).

En este pasaje se establecen tres hechos: Primero, que para ser administrador de los misterios de Dios es necesario iniciarse como servidor de Cristo. Segundo, que los misterios de Dios, es decir, la Iglesia con todos sus factores divinos y humanos es un cuerpo administrable. Tercero, que el requisito por excelencia para participar en tal administración es la fidelidad.

La Iglesia es una verdadera empresa administrable

Una empresa, como la describe el profesor Reyes Ponce, está formada por tres elementos principales: *bienes materiales*, o elemento pasivo; *hombres*, o elemento activo, y *sistemas* o normas de conducta, disciplina y orientación.[3] La Iglesia está integrada por esos tres tipos de elementos:

1. *Bienes materiales.* No hace falta decir que la Iglesia no ambiciona poseer riquezas en este mundo; sin embargo, para el desarrollo de sus múltiples actividades ha necesitado adquirir propiedades inmuebles, edificios, mobiliario, equipos y materiales. Que el pueblo de Dios ha poseído siempre ese tipo de pertenencias se puede comprobar mediante un mirada al templo del Antiguo Testamento, como también a las posesiones de la Iglesia primitiva. La Iglesia también posee ciertos recursos financieros. Los fondos de la Iglesia son finanzas públicas, ya que pertenecen a toda la comunidad cristiana, por lo que se deben administrar con eficiencia.

2. *Hombres.* El elemento humano es la parte vital de la Iglesia y constituye el factor primario en la administración. Cristo mostró sumo interés en el género humano: "Viendo la multitud subió al monte. . . y abriendo su boca les enseñaba." (Mateo 4:1, 2). "Y salió Jesús y vio una gran multitud, y tuvo compasión de ellos, porque eran como ovejas que no tenían pastor, y comenzó a enseñarles muchas cosas." Pero no sólo atendía las necesidades espirituales; también proveyó pan para la multitud: "Y les mandó que hiciesen recostar a todos por grupos de ciento en ciento y de cincuenta en cincuenta. . . y partió los panes y dio a sus discípulos para que los pusiesen delante y repartió los dos peces entre todos. Y comieron todos y se saciaron" (Marcos 6:34-42).

Alguien dijo que tratar con gente es la tarea más difícil; pero tratar con la gente de Dios y con las técnicas de un verdadero líder cristiano resulta la experiencia más especial e inspiradora.

Descubrir talentos, prepararlos y ocuparlos en la obra es una de las labores cumbres del ministro.

3. *Sistemas.* La Iglesia posee manuales, constituciones, reglamentos, etc., pero la base de su gobierno y disciplina es la Biblia. Esta es una de la grandes diferencias entre la Iglesia Católica Romana y la Protestante: mientras la primera ejerce autoridad suprema sobre la Biblia, la segunda la acepta como norma de fe y práctica.

C. Oficiales y gobierno eclesiástico del Nuevo Testamento

El gobierno de la Iglesia se basa en el Nuevo Testamento

A través de los siglos han existido grupos opuestos a todo tipo de gobierno eclesiástico, alegando que cuando se establecen reglas y jerarquías organizacionales se obstaculiza la expresión del Espíritu Santo y no se sigue ya la voluntad de Dios sino la de los hombres. Los Cuáqueros, una agrupación fundada en el siglo XVI y difundida principalmente en Inglaterra y Estados Unidos, no admiten ninguna jerarquía eclesiástica. En la actualidad hay numerosos grupos independientes, autodenominados "libres". La experiencia ha demostrado en distintas ocasiones que la única libertad que perdura y fructifica es la que surge de una organización equilibrada, donde los derechos humanos son respetados y donde reinan el orden y la justicia.

El orden libera; el anarquismo cautiva. El anarquismo y el desorden siempre han conducido a las masas, tras el capricho de unos pocos, a la frustración y la ruina. "Donde no hay dirección sabia, caerá el pueblo; mas en la multitud de consejeros hay seguridad." (Proverbios 11:14). Esta es una verdad contundente contra el anarquismo; pero lo es también contra el despotismo.

Afortunadamente, la Iglesia no tiene necesidad de oscilar entre el despotismo y el anarquismo. El Nuevo Testamento establece las bases para una administración equitativa. "Pues Dios no es Dios de confusión, sino de paz. Como en todas las iglesias de los santos" (1 Corintios 14:33). No se espera hallar en la Biblia cada detalle del programa administrativo de la Iglesia; pero sí se debe depender de ella para el establecimiento de oficiales, normas y objetivos. La Iglesia primitiva es digna de tomarse como modelo y patrón, debido a que sus funciones fueron el resultado inmediato de las enseñanzas de Cristo y los apóstoles.

Oficiales de la Iglesia según el Nuevo Testamento

Un estudio exegético y comparativo de Efesios 4:11, ilustrará la técnica administrativa de Cristo al establecer oficiales, tanto extraordinarios como ordinarios: "Y él mismo constituyó a unos apóstoles; a otros, profetas; a otros, evangelistas; a otros, pastores y maestros." La razón de estos nombramientos se expresa en el v. 12: "a fin de perfeccionar a los santos para la obra del ministerio, para la edificación del cuerpo de Cristo".

1. *Oficiales extraordinarios.*

a) Apóstoles. Un apóstol (del griego *apóstolos*) era un delegado, un mensajero, uno enviado con órdenes. En la literatura clásica, este nombre se aplicaba a los cónsules que eran enviados a una expedición, con una comisión y a veces con un ejército (Thayer). En Lucas 16:13, leemos que "llamó a sus discípulos y escogió a doce de ellos, a los cuales también llamó apóstoles". Este oficio es de trascendental importancia: (1) 19 veces se menciona en el Nuevo Testamento, (2) fueron constituidos apóstoles por haber sido testigos de la vida de Cristo (Juan 15:27), y recibido directamente de El su comisión, (Marcos 3:14 y Gálatas 1:1), (3) sentaron el fundamento del cristianismo, (Efesios 2:20). Nadie más puede ser considerado como apóstol, a menos que se tome en el sentido de extensión por el trabajo desempeñado, como Bernabé (Hechos 14:14) y otros, (Romanos 16:7).

b) Profetas. En los escritos de Esquilo y de otros escritores griegos, profeta era un intérprete de los oráculos de los dioses, con la idea de predicción y adivinación. El término es usado tanto en el Antiguo Testamento como en el Nuevo para describir el oficio o ministerio de ciertas personas escogidas por Dios para hablar al pueblo las cosas que El quería revelar. La prueba del profeta era la veracidad de su mensaje y el cumplimiento exacto de sus predicciones. El Nuevo Testamento habla de profetas como Agabo (Hechos 21:10) y los de Antioquía (Hechos 13:1).

El triple objetivo del ministerio de la profecía, consistía en hablar "a los hombres para edificación, exhortación y consolación" (1 Corintios 14:3). En Hechos 15:32, vemos que "Judas y Silas, como ellos también eran profetas, consolaron y confirmaron a los hermanos con abundancia de palabras". Debemos entender además que en la actualidad hay profecía como un don del Espíritu Santo a los cristianos. Hay diferencia entre un profeta y el que ha recibido el don de profecía (Efesios 4:11 y 1 Corintios 12:10).

c) Evangelistas. La historia de la palabra "evangelio" es muy interesante. Homero la usa en la Odisea, pero el término designaba la recompensa u obsequio que se daba a combio de una buena noticia. Se usa así en la Septuaginta en 2 Samuel 4:10.

Más tarde se usó el término "evangelio" para referirse a las buenas noticias en sí. Tal es el significado que Justino Mártir le da en su Apología I-66, pag. 83, refiriéndose al evangelio de Mateo.[4] Evangelistas eran los que llevaban las buenas nuevas de Salvación en Cristo Jesús; y aunque puede entenderse aquí, la responsabilidad de todo cristiano y especialmente de todo predicador, de anunciar el evangelio a los perdidos, sin embargo, el ministerio referido en Efesios 4:11 era una posición especial que abarcaba más que la predicación.

Ernest Williams lo resume así: "El ministerio de los evangelistas consistía en (1) Predicar y bautizar: "Pero cuando creyeron a Felipe, que anunciaba el evangelio del reino de Dios y el nombre de Jesucristo, se bautizaban hombres y mujeres." (Aquí se refiere a Felipe el Evangelista, Hechos 6:5; 21:8). (2) Ordenar ancianos, un deber encomendado a Tito (Tito 1:5) y a Timoteo (1 Timoteo 5:22). (3) Ejercer disciplina (Tito 3:10), y (4) Representar a los apóstoles como se le encomendó a Timoteo, (1 Tesalonicenses 3:1-8; Filipenses 2:19-23) y a Tito (Tito 1:5." [5] (5) Acompañar a los apóstoles como lo hicieron Marcos y Lucas y otros mencionados en el Nuevo Testamento.

2. *Oficiales ordinarios*

Existen dos clases de oficiales ordinarios o locales: Pastores y diáconos.

a) El pastor (poimén). En muchas partes de la Biblia se usa la palabra *poimén* designando literalmente a un pastor de ovejas y figurativamente aplicada a Cristo (Lucas 2:8 y Juan 10:11). Pero únicamente en Efesios 4:11 se usa como título oficial del encargado de la Iglesia local. En otros lugares en que se ha usado la palabra "pastor" en nuestra traducción española se tradujeron a ella distintos términos griegos: como en Hebreos 13:7, 17 y 24, las tres veces aparece la palabra *hegoumenos* que bien se pudiera traducir "los que os dirigen". En 1 Corintios 12:28 se halla la palabra *kuberneseis* que significa "gobernadores" o "administradores". La palabra pastor es interesante, porque además de su sentido de autoridad administrativa existe la familiaridad entre los términos "pastor" y "pasto", lo cual ilustra la legítima función pastoral.

Inmediatos al pastor tenemos otros tres oficios importantes: (1) "Ancianos" (*presbúteroi*) los de mayor edad y experiencia, que constituían el presbiterio (1 Timoteo 4:14). (2) "Obispos" (*epíscopio*) que según Thayer significa "supervisor" o "superintendente", encargado de ver que las cosas sean bien hechas, las cualidades del obispo se dan en Tito 1:5-9. (3) "Maestros" (*didaskáloi*) o como lo presenta 1 Timoteo 3:2, (didáktico), "apto para enseñar". Este cargo podía ocuparlo alguien que había sido escogido y capacitado para el efecto, o un obispo como lo indica el apóstol a Timoteo en el texto anterior.

b) Diáconos. Un diácono (*diákonos*) es descrito como un sirviente: "Su madre dijo a los que servían (diakonois): Haced todo lo que él os dijere" (Juan 2:5). Mientras los ancianos, obispos y maestros eran puestos para la administración de la fase espiritual de la iglesia, los diáconos se encargaban de las necesidades materiales, como se explica en Hechos 6:1-7.

D. Los tres tipos tradicionales de gobierno eclesiástico

1. Gobierno congregacional. Las Iglesias Bautistas, las iglesias cristianas, las congregacionales e independientes se rigen por este tipo de gobierno. A. H. Strong, uno de los grandes teólogos bautistas, dice que "cada iglesia local está sujeta directamente a Cristo" y que "no hay jurisdicción de una iglesia sobre otra, sino que todas están a un mismo nivel y son independientes unas de otras."[6] Esta posición es citada y sostenida por Ernest S. Williams, que fue Superintendente de las Asambleas de Dios, y agrega que las iglesias de gobierno congregacional "pueden creer en la cooperación entre iglesias, pero que ninguna iglesia, ni oficina fuera de sí misma, debe gobernar las iglesias locales."[7]

La base neotestamentaria para un gobierno local se da en las citas siguientes: (a) juntas de negocios y reuniones de adoración (Hechos 20:7; 1 Corintios 16:2; Hebreos 10:25); (b) elecciones y reconocimiento de líderes (Hechos 1:26; 6:3-6; Filipenses 1:1); (c) autoridad local (Mateo 18:17); (d) cartas de recomendación (Hechos 18:27; 2 Corintios 3:1); (e) provisión para las viudas (1 Timoteo 5:9).

2. *Gobierno episcopal.* En este sistema de gobierno, sobresalen ciertos oficiales, reconocidos como obispos, (de ahí el nombre "episcopal", de "epískopos"), quienes sirven como supervisores y superientendentes de distritos, estados y regiones. La Iglesia Episcopal y la Metodista Episcopal se manejan por este tipo de gobierno.

Otras iglesias se rigen por medio de un tipo de gobierno que combina el aspecto episcopal con el democrático. Un ejemplo de esto lo hallamos en la Iglesia de Dios, la cual sigue un sistema de gobierno democrático centralizado:

> Después de la debida consideración, no conceptuamos nuestro gobierno eclesiástico como legislativo, ni ejecutivo, sino judicial. Estamos opuestos a la unión de la Iglesia y del Estado bajo cualesquiera circunstancias. Que la Iglesia de Dios está definitivamente opuesta a cualquier forma de dictadura en asuntos que atañen al gobierno civil y al Estado. Ardientemente endosamos la vida democrática, y fielmente prometemos sostener y mantener el progreso de dicha forma.[8]

La autoridad de obispos y supervisores distritales está fundada en la práctica de la Iglesia primitiva, como se registra en el Nuevo Testamento. (a) Las iglesias locales fueron fundadas y supervisadas por los apóstoles (Hechos 15:36, 41). (b) Pablo ejerció la superintendencia de las Iglesias de Asia y Europa, especialmente en el nombramiento de "ancianos" (Presbúterois), en cada ciudad (Tito 1:5). (c) El sistema de ofrendas y la institución de acciones tanto disciplinarias como ceremoniales son asuntos transcendentales (no locales), determinados por el apóstol a nivel regional (1 Corintios 16:1, 2; 5:3-5; 11:23-26).

La Iglesia de Dios reconoce como autoridad máxima en asuntos administrativos (después de la autoridad divina y a base de una recta interpretación de las Escrituras) a la Asamblea General, que es la reunión bienal de todos los ministros y miembros presentes. En esta reunión mundial, a través de un proceso democrático, se eligen todos los oficiales generales de la iglesia. El gobierno local descansa sobre el pastor y su consejo. Este último es un comité de miembros activos, en número proporcional al tamaño de la iglesia.

3. *Gobierno presbiterial*. Este difiere del gobierno episcopal y del centralizado en que no tiene obispos o pastores investidos de autoridad como la conferida a Tito (1:5). También difiere de aquellos gobiernos democráticos en los que se toma en cuenta la voluntad de la iglesia en general, o gobierno congregacional. El tipo presbiterial o representativo elige ancianos gobernantes, los cuales forman el consistorio para el gobierno de la iglesia local. Para asuntos regionales, las iglesias presbiterianas cuentan con presbiterios y sínodos, que son también grupos representativos de autoridad superior.

El gobierno de las iglesias reformadas es también presbiterial; pero el doctor L. Berkhof, cuya teología pertenece a la fe reformada, hace notar que los presbiterios y sínodos no deben ser considerados "como cuerpos superiores, sino como cuerpos más amplios o asambleas más generales. No representan un gobierno superior, sino el mismo poder que caracteriza al consistorio, aunque en una escala más amplia."[9]

Ejercicios y aplicación

1. ¿Qué palabras hebreas antiguotestamentarias equivalen al término "iglesia"?
2. ¿Cuál es el significado de las palabras griegas *sunagogué* y *ekklesía*?
3. ¿Qué puede decir de los términos *koinonía* y *communio sanctorum*?
4. ¿Qué es la Iglesia?
5. ¿Cuál es la etimología de la palabra inglesa *church*?
6. Mencione algunos ejemplos bíblicos de administración.
7. ¿Cuáles son los elementos administrables de la Iglesia?
8. Describa las características de los oficiales extraordinarios según el Nuevo Testamento.
9. ¿Cuáles son los oficiales ordinarios en el Nuevo Testamento?

10. ¿En qué consiste el gobierno local?
11. ¿Qué pasajes se usan para probar la forma de gobierno congregacional?
12. ¿Qué significa el término "episcopal"?
13. ¿Qué tipo de gobierno practica la iglesia suya?
14. ¿Cómo es el gobierno de la Iglesia de Dios?
15. Describa el gobierno presbiterial.
16. ¿Qué sistema prefiere usted? ¿Por qué?

[1] L. Berkhof, *Systematic Theology*, (Grand Rapids, Michigan: Eerdmans Publishing Company, 1962), p. 555.

[2] A. H. Strong, *Systematic Theology*, Westwood, New Jersey: Fleming H. Revell Company, 1963), p. 887.

[3] Licenciado Agustín Reyes Ponce, *Administración de Empresas*, (México: Editorial Limusa Wiley, 1973), tomo 1, p. 72.

[4] *Alford's Greek Testament, Kata Mattaion*, (Grand Rapids, Michigan: Guardian Press, 1976), Vol. 1., p. 157

[5] Ernest Swing Williams, *Systematic Theology*, (Springfield, Mo.: Gospel Publishing House, 1953), Vol. III, p. 143

[6] A. H. Strong, *Op. Cit.*, p. 898.

[7] E. S. Williams, *Op. Cit.*, p. 126.

[8] *Manual de Enseñanzas, Disciplina y Gobierno de la Iglesia de Dios*. Sexta Edición, 1976, p. 21.

[9] L. Berkhof, *Teología sistemática*, p. 705.

LAS COMUNICACIONES EN LA ADMINISTRACION | 3

A. Importancia de la comunicación en la administración moderna

El mundo moderno demanda nuevas técnicas de comunicación

Varios factores acentúan la necesidad de una nueva tecnología en el ramo de las comunicaciones: (1) El aumento incontenible de la población ha hecho de los métodos antiguos de comunicación, instrumentos obsoletos y deficientes. En la época de los reyes, los edictos y las órdenes eran comunicados a la población por medio de heraldos. Estos pregoneros se colocaban en las plazas públicas, en los mercados y en las esquinas principales de la ciudad para leer en voz alta el mensaje emitido por el rey u otro jefe supremo. Lo reducido del número de habitantes permitía que dichas órdenes llegaran así hasta el último ciudadano.

En la actualidad, la humanidad es tan numerosa y está tan diseminada, que no basta la utilización de la prensa, la radio, la televisión, el teletipo y tantos otros instrumentos informativos para lograr una comunicación efectiva. (2) La complejidad de la vida moderna también hace más complicado el proceso comunicativo. Para sobrevivir en esta última parte del siglo XX es necesario involucrarse en un sinfín de actividades, sean de tipo laboral, educativo, social, cívico o religioso. Esto demanda sistemas más precisos y prácticos en la comunicación de las cosas más trascendentales de la vida. (3) Las desconcertantes fuentes de información que atestan la mente de los humanos deben ser superadas por un tipo de información estratégica si se quiere influir en la sociedad, en la iglesia y aun en el hogar.

Toda administración, y especialmente la eclesiástica, requiere una comunicación eficaz

Se ha dicho que "administrar es hacer por medio de otros".

Si esto es así, entonces ya sabemos por qué hay que mejorar nuestros métodos comunicativos. "Una orden mal dada es una tarea mal realizada". El que no sabe mandar, no sabe hacer, porque es incapaz de explicar y razonar lo que hace. La mayoría de los fracasos ocurridos en la fábrica, en la escuela, en la iglesia o en la familia, obedecen a defectos en los canales comunicativos, ya sean de tipo técnico, como mal lenguaje, mala escritura, mal entrenamiento; o de carácter personal, como prejuicios de raza, religión o intereses privados. En todo caso, el buen administrador hará bien en revisar sus sistemas y métodos comunicativos y mejorarlos a través de un estudio de la materia.

El estudio de la comunicación es un tema relativamente nuevo

Peter F. Drucker asegura que "el interés por la información y las comunicaciones se inició poco antes de la Primera Guerra Mundial" y agrega que "repentinamente las comunicaciones se convirtieron hace cuarenta o cincuenta años, en absorbente foco de interés, tanto para los hombres de ciencia como para los prácticos".[1] Este avance en el campo de la comunicación también está cobrando importancia en la Iglesia de hoy. Los líderes deben emplear todos los sistemas informativos para lograr el éxito deseado.

B. ¿Qué es la comunicación?

La comunicación se verifica en el receptor y no sólo en el emisor

Comunicar es percibir. Cuando una persona está hablando, no puede por sí sóla asegurar que está comunicando, porque el preceso de la comunicación se verifica en el receptor. Los cuatro elementos de la comunicación son: el emisor, el mensaje, el receptor y la respuesta. (1) El emisor, que en el caso de este estudio es el administrador, debe disponer siempre de un mensaje claro y definido; y atender constantemente a la capacidad y condición del que recibirá dicho mensaje. Debe usar siempre el lenguaje de su interlocutor, despertar su atención e interés para que le escuche, dar lugar a un intercambio de ideas mientras comunica y reenfatiza los puntos más importantes de lo comunicado. (2) El mensaje debe estar exento de ambigüedades y equivocaciones, pues cualquier defecto en los canales comunicativos causará trastornos en la verificación del mismo. (3) El receptor debe estar preparado para recibir la comunicación. De la misma manera en que un radioreceptor es sintonizado para recibir lo que la radioemisora está transmitiendo, la persona que ha de recibir nuestra comunicación debe ser sintonizada mediante un proceso de preparación de nuestra parte. (4) La respuesta o reacción del receptor indica si realmente la comunicación fue eficaz o no. La respuesta sirve también de retroalimentación para el comunicador.

La psicología dice que debe haber sensación, percepción e interpretación en el proceso comunicativo

El estímulo de las sensaciones físicas es de supremo valor al comunicar algo. En el lenguaje paulino se establece una premisa evangelística de comunicación: "¿Cómo creerán en aquél de quien no han oído?" El oído, la vista y las acciones son de uso indispensable en las comunicaciones. El antiguo refrán "una figura comunica más que mil palabras", es una gran verdad administrativa.

La percepción es diferente de persona a persona. El doctor Crane, en *Psychology Applied*, dice que la causa básica de los debates es el resultado de las diferencias de percepción, provenientes de hábitos y experiencias pasadas de cada individuo. Una palabra puede ser interpretada en distinta forma por distintas personas de acuerdo con sus experiencias pasadas y presentes. La historia de los ciegos de Indostán y el elefante es muy ilustrativa. Uno de ellos únicamente pudo palpar el enorme costado del animal; otro sólo le tocó el colmillo; el tercero, la rodilla; el cuarto, la oreja; el quinto, la trompa y el sexto, la cola. Después discutían violenta y acaloradamente acerca de la forma de la bestia llamada "elefante". Cada uno, según lo que había palpado daba su propia interpretación. El primero opinaba que era como una pared; el segundo aseguraba que era como una lanza; el tercero dijo que era como un fuerte árbol; el cuarto, que parecía un abanico; el quinto, que era como una enorme serpiente y el último, que se asemejaba a una cuerda. La confusión no terminó hasta que el uno tocaba lo mismo que tocaba el otro. "Cuando los estímulos presentados a varios sujetos hacen despertar en ellos similiares asociaciones de respuestas hay unanimidad de opinión."[2]

Se han hecho experimentos de percepción dictando un reportaje a varios sujetos. Se les ha hecho escribir a cada cual su versión y se han notado muchas omisiones y adiciones en los distintos escritos. Las diferencias notadas en dichos informes han demostrado que no en todos se verifica la comunicación en la misma forma, dependiendo del grado de percepción. Velásquez y González, en su *Manual de Psicología Elemental* dicen que:

> Existe lo que llamamos percepciones pobres y percepciones ricas. Se comprende que la interpretación perceptiva será tanto más rica cuanto más amplias sean las experiencias y la cultura del sujeto: frente al motor de un aeroplano, un salvaje y un ingeniero tendrán las mismas sensaciones visuales; sin embargo, el último verá mucho más en él que el primero; su precepción del objeto será muchísimo más rica[3]

Los mismos autores definen el proceso de la percepción como: (1) La sensación o sensaciones que le sirven de base, y (2) La fase perceptiva propiamente dicha que comprende el trabajo de reconocimento e interpretación del estímulo que hace el sujeto valiéndose de sus conocimientos y experiencias anteriores. Siguiendo la escuela *gestaltista* diremos que el individuo percibe el estímulo (mensaje) como un todo o conjunto y luego irá distinguiendo parte por parte para su reconocimiento.

En la ciencia administrativa, en esto de la percepción es muy importante tomar en consideración, a la luz de un enfoque psicológico, las ilusiones o falsas percepciones que también pueden ocurrir durante el proceso comunicativo.

¿Cómo conciben el proceso comunicativo los predicadores?

El cristianismo se ha caracterizado por la práctica de la predicación. De ahí que al administrador de la Iglesia le sea familiar todo lo que se diga acerca de los medios de comunicación, pues lo que es eficaz en el púlpito también lo será en la administración y viceversa. Costas dice lo siguiente:

La predicación es un acto comunicativo. Comunicar es compartir, tener ciertos conceptos, actitudes o experiencias en común con otros. Esto involucra un proceso mental y emocional; constituye una experiencia de interacción social en la que se comparten ideas, actitudes y sentimientos con otras personas con el fin de modificar o influir sobre su conducta.[4]

C. Cómo ser un buen comunicador

Todo ser viviente necesita y desea comunicarse con los demás

Las tribus primitivas se comunicaban por medio de fogatas y humaredas; los animales, a pesar de no poseer un lenguaje oral, disponen de infinidad de medios de comunicación: desde los golpecitos comunicativos de la hormiga hasta el rugido de las bestias felinas y desde el dulce canto de las aves hasta el más horroroso gruñido percibido en la selva. Los humanos nacemos ya equipados de medios comunicativos. Al instante de nacer, el infante deja oír su primer llanto, anunciando así su ingreso a un mundo en el cual, el que no se comunica con los demás en forma efectiva la pasa muy mal, o se muere.

Es de suponerse, por tanto, que si la vida corriente demanda buena comunicación, mucho más se requerirá en los asuntos administrativos. Afortunadamente esas son habilidades que pueden cultivarse y mejorarse considerablemente.

Al comunicarse hay que hacer uso de claridad y organización

En la vida común e incluso en las funciones ejecutivas, nuestra comunicación es tan ruidosa y disparatada que en lugar de orientar o informar a los demás los confundimos. Es célebre e ilustrativo el caso narrado por Abraham Lincoln del hombre que regresaba a su casa bajo una terrible tormenta eléctrica, en una noche tenebrosa. Entre relámpagos y truenos, el pobre campesino luchaba por avanzar; pero resultaba que, mientras los instantáneos relámpagos le permitían ver para dar unos pasos, los ensordecedores truenos le hacían perder el control. Angustiado y tembloroso cayó de hinojos e hizo la siguiente oración: "Dios mío, te agradezco la luz de los relámpagos, pero el ruido de los truenos no me permite disfrutarla. Si a ti te da igual, Señor, que haya menos truenos y más luz". Igual será la súplica de aquéllos que se hallen bajo nuestra administración, cuando en lugar de recibir orientación reciban reclamos, amenazas y necedades.

Un buen comunicador debe esforzarse por organizar sus ideas y razonar sus palabras. "Pensar para hablar y no hablar para pensar." Estudiemos las palabras de Herbert Spencer y hagámoslas nuestra norma de organización intelectual. El dijo: "El hombre cuyas ideas están desorganizadas, cuantas más tenga, tanto mayor será su confusión."

Para una comunicación eficaz, úsese el mayor número de métodos

Ya se dijo que la base para una percepción eficaz es el uso de los sentidos físicos. Mientras más sentidos participan en una experiencia, más impresa queda la información. En la variedad de métodos hay más probabilidades de comunicar. También conviene probar lo que se ha comunicado, a base de un intercambio de ideas, en lugar de convertirse en un orador. El oír al interlocutor produce dos magníficos resultados: demuestra cómo interpretó éste lo que se le dijo, y realiza la acción conocida como *retroalimentación (feedback)*.

Esto hace que el comunicador esté consciente de lo que está informando y quizá lo capacite para modificar la comunicación si fuera necesario. A continuación se da una tabla de medios comunicativos, clasificados según su importancia. Agregue el lector los que desee.

Clasificación de los métodos comunicativos

sugestivos	didácticos	informativos	ejecutivos
sonrisas	conferencias	reportes	organigramas
palabras	discusiones	noticieros	cartas
gestos	mesas redondas	boletines	sesiones
conversaciones	simposiums	carteleras	actas
consejos	paneles	periódicos	telefonemas
sermones	pizarrón	radio	telegramas
reuniones Soc.	rotafolio	televisión	órdenes escritas
excursiones	franelógrafos	folletos	órdenes verbales
pinturas	dramatizaciones	películas	protocolo
libros	laboratorios	transparencias	elogios
fotografías	convenciones	entrevistas	interpelación

D. Comunicación y comunidad

El carácter socio-comunal de la administración eclesiástica en la actualidad

El pastorado ha experimentado un cambio notable en cuanto a la extensión de su campo de actividades. Con el avance del mundo, han surgido numerosos fenómenos sociales que han hecho de la humanidad una comunidad en crisis. Ya Pablo comprendía esta situación al decir: "Porque sabemos que toda la creación gime a una, y a una está con dolores de parto hasta ahora" (Romanos 8:22). Y las cosas son alarmantemente peores hoy, 19 siglos más tarde.

Cualquier comunidad, (no importa si corresponde a un país desarrollado o subdesarrollado; a la aristocracia o al pueblo común) manifesta un estado de abatimiento moral, como se revela en el Evangelio, dándonos un gran ejemplo: "Y salió Jesús y vio una gran multitud, y tuvo compasión de ellos, porque eran como ovejas que no tienen pastor" (Marcos 6:34). Sólo basta "salir", observar el tipo de experiencias vivenciales de nuestros semejantes. Hallaremos desempleo, enfermedades biológicas y psíquicas, desajustes temperamentales, falta de comprensión, ausencia de fe y amor, temores y resentimientos, hambre y miseria, etc.

La Iglesia es un instrumento de rescate y liberación. El pastor no está allí sólo para predicar y cuidar el templo. Su misión reclama compromiso a través de un dinamismo generador. El está allí y siente, simpatiza, interviene; su ayuda es buscada como la de un profesional, como alguien que tiene la respuesta. . . y en verdad que la tiene. Estadísticas de actualidad demuestran que en su ansiedad, la gente recurre a los guías religiosos más que a los profesionales clínicos, en busca de ayuda.

El centro de investigaciones de la Universidad de Michigan fue comisionado recientemente para determinar qué problemas mentales aquejan a la comunidad americana, cómo manejan esos problemas y a dónde acuden en busca de ayuda. Un enorme número de personas no institucionalizadas fue escogido para la encuesta, cubriendo todas las divisiones etnológicas en cuanto a edad, sexo, educación, ingresos, ocupación, geografía, religión y familia. Los resultados son sumamente interesantes: el 25% de los entrevistados reportaron haber tenido problemas en los que hubieran hecho uso de ayuda profesional. Uno de cada siete sujetos manifestó también haber buscado ayuda de alguna clase. Pero lo más interesante es que de este número de personas que buscó ayuda: el 21% acudió a psiquiatras, psicólogos y trabajadores sociales; el 12% acudió a agencias sociales o consultorios matrimoniales; el 22% visitó médicos y sanatorios; pero un 45% acudió a pastores y guías espirituales.[5]

Algún día la Iglesia en América Latina tendrá ministros de tal capacidad que puedan servir a los necesitados. No sólo a los que buscan ayuda, sino también a los que no la buscan.

E. Comunicación social

¿Por qué se preocupan los grupos por comunicarse y lograr uniformidad de opinión?

En este capítulo analizaremos los estudios de Ladd Wheeler sobre la teoría de la "comunicación social", presentada por Leon Festinger, de la Universidad de Iowa.[6] Festinger quería averiguar: ¿Por qué habla la gente, a quién habla y cuáles son los resultados de lo que habla? (1) La primera fuerza que motiva a un grupo a comunicarse para conseguir uniformidad de opinión es la necesidad de locomoción grupal, o acción conjunta. Si el grupo desea alcanzar un objetivo, y si para alcanzarlo es necesario que todos sus miembros compartan la misma opinión, se notará que existe cierta presión hacia tal unfomidad. (2) La segunda razón para luchar por la uniformidad de opinión es la necesidad de realidad social. Festiger dice que "si existe alguna discrepancia en opiniones, actitudes o creencias entre los miembros del grupo, surgirá una fuerte tendencia a la comunicación. Además, mientras menos "realidad física" haya para evaluar una opinión o creencia, mayor importancia se dará al grupo y mayor necesidad habrá de comunicarse.

Wheeler dice que hay cierta dimensión de la realidad que, por un lado se basa enteramente en la evidencia física y por otro, en el consenso social. La pregunta sobre si una pieza de cristal es frágil o no, es cuestión de realidad física: basta golpear el cristal con un martillo. Pero la cuestión de si un candidato presidencial sería mejor que el otro, es asunto de consenso social. Para responder a esta pregunta será necesario investigar historiales y antecedentes del candidato. Se consultará a políticos, historiadores, científicos, etc., y aun así la respuesta no será conclusiva. Uno quedará más seguro de su opinión si todos sus amigos opinaran lo mismo. En este caso, los amigos proveen la *realidad social.*[7] De acuerdo con Leon Festinger, hay tres causas motrices hacia la uniformidad del grupo:

1. *Discrepancia de opiniones dentro del grupo.* Las diferencias de opinión o disentimientos en una agrupación aumentarán relativamente la presión hacia la uniformidad. Ilustraremos esto con los conceptos del profesor Kurt Lewin, quien se imagina al grupo como si estuviera unido por un banda de goma o hule. Si uno de los miembros se separa, mientras más se retire, mayor será la fuerza que le atrae de nuevo al grupo. Los disentimientos de un miembro le harán objeto de mayor comunicación. Sin embargo, notamos que si el disidente persiste en su separación y no alienta esperanzas de volver, la comunicación hacia él cesará y llegará a ser "rechazado", física o psicológicamente: físicamente, si pierde su lugar en el grupo; psicológicamente, si es ignorado por los demás.

2. *Pertinencia al grupo.* Toda agrupación cuenta con factores de suma importancia y de valor primordial, y cuando hay diferencias de opinión o actitud de parte de algunos miembros hacia esos factores, la presión hacia la uniformidad y por ende, las comunicaciones aumentan considerablemente. De pertinencia a la iglesia pueden ser la formación doctrinal, los principios organizacionales, los objetivos de crecimiento y desarrollo, etc.

3. *Cohesión o atracción del grupo.* La cohesión la define Wheeler como el resultado de todas las fuerzas que motivan al individuo a pertenecer y permanecer en el grupo. Fuerzas atrayentes pueden ser las buenas relaciones personales, legítimos intereses comunes, oportunidades para llegar a fines deseables, prestigio e importancia, etc. Agreguemos que la ausencia de esos imanes en el grupo hará de éste un cuerpo inatractivo y desolado.

Lo que reveló un experimento sociométrico sobre la teoría de la comunicación social de Festinger[8]

Festinger aseguró que si el grupo posee fuerzas de atracción o cohesión, un miembro observará cualquiera de las siguientes actitudes, en caso de haber discrepancias o disentimientos: luchará por cambiar la conducta del disidente; optará por cambiar su propia conducta; o decidirá rechazar al disidente. Para realizar el estudio se escogió cierto número de estudiantes, los cuales fueron divididos en cuatro grupos. Al iniciar la primera sesión, a cada grupo se le leyó la historia de Johnny Rocco, un joven delincuente que guardaba prisión. La discusión perseguía decidir lo que debía hacerse con el muchacho. Cada participante expresó su opinión marcando la línea de su preferencia en una escala de siete puntos, que empezaba con la opinión "denle amor y comprensión" y terminaba con "castíguenlo severamente". El grupo fue orientado más o menos hacia opinión más benévola para el joven preso. Después de que todos habían expresado su punto de vista, tres estudiantes preparados de antemano anunciaron su posición en el juicio: uno de ellos, "el conformista", votó al lado de la mayoría; otro, "el resbaladizo", anunció su opinión, totalmente opuesta a la de todos, pero se dejó influir por la discusión del grupo hasta que cambió de parecer; el último, "el disidente", votó en contra y mantuvo esa posición hasta el final de la discusión.

Tal como Festinger lo había teorizado, la comunicación fue más copiosa para el disidente, notándose una considerable cesación de comunicaciones hacia él, a medida que se iban perdiendo las esperanzas de ganarlo. La comunicación hacia el resbaladizo fue más insistente al principio, pero cesó cuando él anunció que se uniría al grupo. Poca o ninguna comunicación hubo para el conformista, puesto que ya estaba convencido; no había necesidad de más argumentos para él.

En resumen: (1) El caso discutido era de gran importancia e interés, por tratarse de un joven metido en problemas. (2) La opinión de la mayoría parecía justa y había que defenderla. (3) El conformista estaba al lado de todos, de modo que no se necesitaba comunicarse con él con tanta frecuencia, pues ya estaba convencido. (4) El resbaladizo requirió mucha comunicación al principio, pero no requirió más atención cuando se dio por vencido. (5) El disidente atrajo la atención comunicativa de todo el grupo y se lo bombardeó durante la sesión, pero al ver que era inútil la empresa, se optó por rechazarlo. (6) El rechazo no fue físico, porque nadie estaba capacitado para echarlo fuera, pero psicológicamente hubo para él una aversión en el sentido de ignorarlo y no darlo por presente, aun cuando estuviese allí sentado entre el grupo. (7) Modificar al otro es la primera ambición de un miembro fiel; si fracasa en eso, optará por modificarse a sí mismo; si eso no produce buenos resultados entonces tratará de modificar al grupo, a través de un rechazo físico o psicológico.

Ejercicios y aplicación

1. Describa los tres factores que demandan un sistema mejor de comunicación.
2. Explique cómo la mayoría de los fracasos obedecen a defectos en los canales comunicativos.
3. ¿Cómo considera usted sus métodos de comunicación?
4. Según Peter Drucker, ¿cuándo empezó la renovación y modernización de las comunicaciones?
5. ¿Cuáles son los tres elementos de la comunicación?
6. Según la Psicología, ¿qué se entiende por sensación, percepción e interpretación?
7. Resuma la enseñanza de la leyenda de los ciegos y el elefante, en relación con la comunicación.
8. ¿Qué entendemos por percepciones pobres y ricas?
9. Explique algo sobre "ilusiones" y "percepciones falsas".
10. De acuerdo con Costas, ¿qué es comunicar?
11. ¿Qué le sugiere a usted el caso del labriego que caminaba bajo una tormenta eléctrica en una noche tenebrosa?
12. De todos los métodos de comunicación mencionados en la tabla, mencione los que usted usa.
13. ¿Qué opina usted del estudio hecho por la Universidad de Michigan?
14. Según Ladd Wheeler y Leon Festinger, ¿cuáles son las dos razones principales que motivan a la gente a comunicarse?
15. Explique algo sobre "realidad física" y "realidad social".
16. ¿Cuáles son las tres causas motrices hacia la uniformidad del grupo?
17. Resuma brevemente los resultados del estudio de comunicación social con un grupo de estudiantes sobre el caso de Johnny Rocco.

[1] Peter F. Drucker, *Tecnología, Administración y Sociedad*, México (Impresora Galve S. A., 1972), p. 1-2).

[2] George W. Crane, *Psychology Applied*, (Indiana, Hopkins Syndicate Inc. 1964), p. 152.

[3] Doctores J. Velásquez y González Alameda, *Manual de Psicología Elemental*, (México, Avelar Hnos, Impresores S. A., 1973), p. 42.

[4] Orlando Costas, *Op. Cit.*, p. 33-34.

[5] Melvin Zax and Gerald A. Spectem, *An Introduction to Community Psychology*, (New York, John Wiley and Sons Inc., 1974), p. 36.

[6] Ladd Wheeler, *Interpersonal Influence*, (Boston, Allyn and Bacon Inc., 1975), p. 35.

[7] *Ibid.*, p. 36.

[8] *Ibid.*, p. 38-41.

LAS RELACIONES HUMANAS EN LA ADMINISTRACION | 4

A. Diferencias entre comunicación y relaciones humanas.

1. Son diferentes en propósitos, contenido y resultados

Dos personas pueden comunicarse sin establecer verdaderas relaciones humanas. (a) El propósito de la comunicación es transmitir información, mientras que las relaciones humanas hacen uso de tal información para establecer amistad e interacción. (b) El contenido de la comunicación es fijo y preciso. La inestabilidad obstaculiza la comunicación, por lo que se prefieren la formalidad y la firmeza de conceptos; en cambio las relaciones humanas demandan informalidad y variedad. Un ejemplo es la conversación: la conversación monótona y formal no les produce placer a los participantes. Debe existir un intercambio de ideas y, hasta donde sea posible, una buena dosis de humorismo. (c) En la comunicación, la información viene de un lado mayormente, mientas que en las relaciones humanas cada participante tiene algo que decir. Sobre esto de un intercambio de ideas citaremos el siguiente razonamiento.

> Yo tengo una moneda; usted tiene otra. Las cambiamos. Yo sigo teniendo una moneda; usted sigue teniendo otra. No hemos ganado nada Pero yo tengo una idea; y usted tiene otra. Las cambiamos. Yo tengo dos ideas; y usted también tiene dos ideas. Los dos hemos ganado mucho.[1]

(d) Los resultados de la comunicación consisten en una modificación de la conducta del receptor, mientras que las relaciones humanas modifican la conducta de cada persona involucrada.

2. Son diferentes por los medios y los métodos que utilizan

Los medios de que se vale la comunicación son más

mecánicos; mientras los de·las relaciones humanas son más dinámicos. Cuando pensamos en comunicación, pensamos en un camino, una carta, una señal, un libro, etc.; pero cuando pensamos en relaciones humanas suponemos un proceso de interacción más personalizado, con respuestas y reacciones más inmediatas. El humorismo, los cumplidos y la locuacidad son impropios en la comunicación; en cambio para las relaciones humanas resultan muy apropiados y deseados.

B. El porqué de las relaciones humanas

Es muy agradable ser importante; pero es más
importante ser agradable

Francamente, ningún trabajo realizado por un grupo está totalmente exento de dificultades, aun en la Iglesia. Siempre habrá desajustes personales, falsas interpretaciones y problemas inesperados. Pero la experiencia ha demostrado que las actividades más exitosas y las hazañas más notables han ocurrido dentro de una atmósfera de camaradería y cooperación donde, sin importar el nivel jerárquico y el valor organizacional de cada persona, todos se respetan, se ayudan y hasta se animan unos a otros. Precisamente, en las dificultades está el triunfo: un buen administrador probará su eficiencia no en la ausencia de dificultades, sino en el buen manejo de las que aparezcan. La importancia de un líder no consiste en su arrogancia y temeridad, sino en la sabiduría y cordura que use en el trato con los que lo rodean. Una persona agradable es objeto de admiración, respeto y obediencia, mientras que el jefe imponente e hinchado pierde valor e importancia.

Cristo dijo: "El que quiera ser el mayor entre vosotros, ese será vuestro servidor." Y como lo hicimos notar al definir el término *administración*, administrador es alguien que se empeña en servir y lo hace tanto por deber como por placer; ya sea impartiendo orientación y órdenes o uniéndose al grupo en la realización de la labor. Cuando Cristo demandó obediencia implícita de sus discípulos, se colocó al nivel de ellos llamándolos amigos. "Vosotros sois mis amigos, si hacéis lo que yo os mando."

¿Qué es ser agradable? Seguramente que no es servir de payaso al grupo; tampoco ser adulador o lisonjear hipócritamente a los demás. Aunque hay mucho humorismo en un líder agradable y muchos elogios hacia aquéllos que trabajan a su lado, debe ser todo con sinceridad y limpia conciencia. Ser agradable es pensar en los demás, más que en sí mismo: es esforzarse por decir y hacer aquello que interesa a los demás sin dejar de cumplir lo requerido por la organización. Tómese el ejemplo de aquellas medicinas que se cubren de dulzura para ser tomadas con placer por el paciente, quien no toleraría el desagradable sabor del producto simple y corriente.

Las buenas relaciones humanas producen maravillosos resultados en la administración

En nuestra definición de *administración,* en el primer capítulo, destacamos la idea que es administrador el que realiza una actividad a través de otros; es decir, logra que otros hagan lo que él quiere. Esto demanda una técnica especial en el trato con los demás. Por carecer de esa técnica, muchos abandonaron el ministerio, culpando a un número de factores, sin saber siquiera dónde estaba su verdadero problema. A continuación citamos un fragmento de la traducción de Román Jiménez del valiosísimo libro, *Cómo ganar amigos e influir sobre las personas,* de Dale Carnegie:

> Sólo hay un medio para conseguir que alguien haga algo. ¿Se ha detenido usted alguna vez a meditar en esto? Sí, un solo medio. Y es el de hacer que el prójimo quiera hacer ese algo. Es claro que usted puede hacer que un hombre le entregue su reloj, poniéndole un revólver en el pecho. Puede hacer también que un empleado le preste su cooperación — hasta que usted vuelva la espalda — si amenaza con despedirle. Pero estos métodos tan crudos tienen repercuciones muy poco deseables.[2]

Carnegie tenía razón: muchos han caminado por la senda del despotismo y les ha ido muy mal. Algunos han perdido su puesto y otros se han quedado solos, abandonados y frustrados. Un súbdito o un compañero, sólo puede ser leal cuando ama; cuando quiere. Podemos comprar los servicios y la energía de una persona pagándole un buen salario, pero sólo obtendremos su lealtad y su voluntad a través de unas buenas relaciones humanas; tomando en consideración que cada persona tiene sus propias opiniones y abriga sus propios anhelos. No podemos tratar a una persona como un títere, porque tarde o temprano nos dejará con los hilos en los dedos. Hagamos que los demás quieran, y habremos entrado por la puerta. Notemos lo que dice Alfredo Puigvert, en su *Manual de relaciones humanas:*

> El hombre no es una máquina. . . Es necesario no olvidar su condición intelecutal, sus buenas o malas costumbres, adquiridas o heredadas, su orgullo e incluso hasta podríamos decir sus *chaladuras.* Del conjunto de todos esos factores se concreta la personalidad del individuo.[3]

Un conocimiento mayor de los rasgos característicos del ser humano aumentará nuestro éxito en las relaciones con aquellos que integran nuestra organización. Puigvert dice que lo que dificulta la aplicación de las relaciones humanas es la diversificación de las características de la persona: su aspecto físico, que la puede envanecer o acomplejar; lo hereditario; el grado de desarrollo espiritual, que puede ser alto o bajo; los impulsos, como el apetito, el odio, el amor; los reflejos, los mecanismos producto del subconsciente; el estado emocional que varía de acuerdo con el tipo de vida que la persona lleva; el estado de ánimo, que se debe a causas tanto internas como externas y el estado de sugestión que es provocado generalmente por agentes externos, como la propaganda o las amenazas, pero que son admitidas por la persona como de creación propia.[4]

C. El individuo como base de la sociedad

Para tener mejores relaciones humanas es necesario estudiar al individuo: su filosofía y su conducta

Cada persona es diferente a las demás. Las diferencias entre las personas hacen de este mundo un lugar muy interesante; pero también suele ser muy complicado y a veces peligroso. Como las relaciones humanas son relaciones personales, ya que, aunque tratemos con un grupo, este grupo está compuesto por personas, haremos bien con estudiar primero al individuo. Un individuo es lo que él piensa y lo que hace. Lo que piensa es su filosofía y lo que hace es su conducta.

1. La filosofía de cada persona (F) es una función de sus creencias (C) y sus actitudes (A) modificadas por su sistema de valores (SV). El doctor Sedwidk sintetiza la filosofía en la siguiente ecuación:[5] $F = f\left(\frac{C+A}{SV}\right)$. Es decir, el modo de pensar de un individuo está ligado a su modo de creer; sus actitudes obedecen a sus creencias, pero sufren modificación de acuerdo al mérito o importancia que él le dé a cada acción.

Ampliamos un poco más cada uno de estos términos: (a) ¿Qué es una creencia? Creer es confiar en la verdad o existencia de algo, aunque ese algo no sea susceptible inmediatamente de prueba rigurosa. Quizá el mejor ejemplo sea la creencia en Dios, verdad que aceptamos, pero que no podemos sondear como lo hacemos con otros conocimientos. Todo individuo tiene sus propias creencias y la mejor manera de relacionarse con él será considerando cuáles son las creencias, cómo las adquirió, qué significan para él, en qué puntos diferimos y por qué. (b) ¿Qué se entiende por actitudes? Las actitudes son maneras, disposiciones, sentimientos y orientación de la mente con relación a una persona o cosa. El amor y el odio son actitudes; el conservadurismo o el liberalismo son actitudes; el respeto a la autoridad, la honradez y la puntualidad son actitudes. (c) Sistema de valores es la importancia o mérito que el individuo da a una actitud o creencia; es el valor, alto o bajo, positivo o negativo que según él corresponde a determinado acto u objeto.

Cada individuo valora sus actos de acuerdo con sus creencias. Es muy importante notar que a veces, las actitudes de un individuo entran en conflicto con sus creencias. Por ejemplo, puede ser muy honrado ante la ley y ante la Biblia y también muy leal a la autoridad de sus superiores. Suponiendo que su superior se encuentre infringiendo las normas, ¿cuál será la actitud de esa persona? ¿Se rebelará ante la autoridad de su jefe para cumplir las normas, o por respeto a su superior descuidará las reglas? Todo depende de su sistema de valores.

2. La conducta de una persona (C) es una función de su filosofía (F), modificada por sus necesidades (N), afectadas por su marco de referencia (MR), sus experiencias pasadas (EP), la situación actual (SA) y sus aspiraciones (A). Sedwick da la siguiente ecuación para conducta: $C = f(MR\ EP\ SA\ A)$.[6] Como ya

se discutieron los componentes de la filosofía, veremos ahora los elementos de la conducta. Si la conducta de un individuo es función de su filosofía modificada por sus necesidades, lo ideal es hacer un análisis de esas necesidades como primer paso. Luego iremos describiendo cada uno de los factores de la ecuación.

a) Necesidades. Abraham Maslow, en su teoría de la motivación, hace una lista jerárquica de las necesidades básicas del individuo: (1) Las necesidades fisiológicas, como hambre, sed, sueño, vestido, vivienda, sexo, salud y muchas otras que cuando no son satisfechas, ocasionan grandes trastornos y finalmente la muerte. Estas necesidades afectan enormemente la conducta. (2) La necesidad de seguridad incluye estabilidad, protección, dependencia, libertad del temor, de la ansiedad y el caos; la necesidad de estructura, orden, ley, etc. (3) La necesidad de pertenecer y amar que podemos llamarla necesidad social, ya que motiva al individuo a pertenecer a un grupo o sociedad. El humano es un ser gregario, por necesidad y por placer. El amor es también indispensable en la vida, tanto en forma pasiva como activa: el amar y el ser amado le dan sentido a la vida. (4) La necesidad de estimación modifica la conducta. Toda persona quiere ser respetada, apreciada, elogiada y comprendida. Demos a otros la importancia que merecen y los tendremos a nuestro lado. (5) La necesidad de éxito y actualización, o sea la satisfacción de estar haciendo la mejor. Las frustraciones destruyen la personalidad; el éxito la edifica.

b) Marco de referencia. Se define el marco de referencia de un individuo como su código o conjunto de normas para la interpretación de palabras y hechos de acuerdo con su formación; es decir, el significado que él le da a cada cosa, de acuerdo con sus creencias, actitudes, valores y fondo cultural. Marco de referencia es el diccionario formado en la conciencia del individuo durante sus primeros años de vida y del cual saca las definiciones de todas las palabras y actitudes que oye y observa basándose en lo que él sabe o lo que le enseñaron sus padres, sus maestros y amigos de su temprana edad. Así es como las personas actúan en distintas formas ante una situación dada. Por ejemplo, la palabra que para uno es buena puede ser mala o sin sentido para otro según su origen y cultura.

c) Las experiencias pasadas afectan la conducta de un

individuo. Por ejemplo, al sentir el olor de la pintura fresca, inmediatamente decidimos no tocar la pared u objeto pintado, pues sabemos qué nos ocurrirá si lo palpamos. La experiencia nos enseña a no bromear con cualquier persona, no ser tan confiados, no tocar el fuego, no correr demasiado, etc.

d) La situación actual afecta la conducta. Un hombre no responde a un insulto como respondería a un elogio. Después de un día de sol y mucho trabajo, una persona reaccionará en forma menos grata que durante un día de descanso. El individuo que ha demostrado siempre bondad y ternura en tiempo de paz es capaz de convertirse en asesino por defender a un ser querido que es cruelmente atacado. Algunos se comportan de un modo a solas y de otro en grupo.

e) Las aspiraciones afectan la conducta, pues un persona actuará de acuerdo con lo que espera que suceda o que no suceda. De esa manera veremos a una persona que aspira a ascender en categoría y recompensas en una organización, actuar en la forma más excelente a fin de ser promovida. Sin embargo, alguien que no desea seguir allí, se comportará en forma descuidada e indiferente.

En resumen: Las relaciones humanas empiezan con un estudio individual del ser humano. Identificamos a un individuo por su filosofía de la vida, que son sus creencias y actitudes hacia cada situación; y por su conducta, que es la función de su filosofía modificada por sus necesidades básicas, según la importancia que él les dé. Su conducta también es afectada por su marco de referencia cultural, el cual depende mucho de sus experiencias pasadas. A veces modificará su actitud de acuerdo con la situación del momento, pero mucho tiene que ver aquí su visión del futuro. Sus esperanzas y sus temores deben tomarse muy en cuenta.

D. Influencia psicológica del grupo

1. Hay diferencia entre grupo físico y grupo social

Después de una introducción al estudio del individuo, el siguiente paso será un estudio de la dinámica de los distintos grupos a los cuales pertenece una persona involuntaria o voluntariamente. Hay grupos físicos y grupos sociales: a) Un *grupo físico* es un conjunto de cosas o personas que no entran en un proceso de interacción. A pesar de estar geográficamente unidas, no se ejerce entre ellas ninguna influencia recíproca. Shaw dice que "cuando una persona se detiene y se pone a ver lo que ocurre en el último piso de un edificio, y otros se le acercan y hacen lo mismo, pero no se dirigen la palabra, esa reunión de gente no constituye un grupo, porque no hubo entre ellos interacción".[7] Diremos, pues, que éste sólo es un grupo físico como lo puede ser cualquier conjunto de objetos inanimados. b) Definiremos un *grupo social* como el conjunto de dos o más personas en interacción, de tal manera que cada uno influye y es influido por los demás. Hay grupos *formales*, como la escuela, la fábrica o la comunidad; y otros *informales*, como el de la esquina, el de la parada de ómnibus, o los que a veces, sin planerarlos, se forman entre amigos o extraños, pero que proporcionan oportunidades de interrelación personal.

En todo encuentro con otras personas, influimos o influyen en nosotros, dependiendo de nuestro carácter y temperamento.

2. *Las características de un grupo y su influencia sobre el individuo*

Como dijimos anteriormente, hay grupos a los cuales una persona pertence involuntariamente, como el hogar, en el cual nació sin su consentimiento y la escuela a la cual asistió por orden superior y no por voluntad propia: esto es verdad, especialmente en la niñez. También hay grupos a los cuales un individuo pertenece con su consentimiento, ya sea por necesidad, como la compañía o asociación en que trabaja; o por placer, como clubs, equipos deportivos, etc. Para ser aceptado por el grupo y llevarse bien con sus compañeros, el individuo tendrá que recibir y dar influencia, a fin de que haya una modificación tanto en su conducta como en la de la demás. Las siguientes características del grupo afectan al individuo:

a) Normas e ideas. Todo grupo cuenta con normas o reglas que regulan y amparan los derechos y privilegios de sus miembros. Aun el hogar está basado en normas que modelan la conducta de cada miembro; en caso contrario, la persona modifica su hogar con su conducta.

En un grupo al cual la persona desea pertenecer, pueden haber normas que requerirán un cambio en su conducta. En tal caso entrará en función su filosofía de la vida en relación con sus necesidades físicas o sociales. Las ideas de los integrantes del grupo también merecen atención. Como el caso de una oficina en la que por un acuerdo de las secretarias, todas deben usar vestidos y no pantalones. Llega el momento de una vacante y la que la llena es una señorita más liberal, que le da poca importancia al criterio de sus compañeras y decide seguir llevando pantalones al trabajo.

A la larga ocurrirá una de estas tres cosas: (1) otras empezarán a usar pantalones; (2) se verá obligada a no usar pantalones en el trabajo, para ser aceptada por las demás; o (3) cambia de trabajo. Lo más indicado será optar por el punto número dos. En otros casos será diferente; por lo tanto, se debe elegir.

b) El papel en el grupo. Toda persona desempeña dos papeles en el grupo: (1) *papeles abiertos*, como sus deberes en la organización: maestro, superintendente, técnico, tesorero o simplemente miembro; y (2) *papeles secretos*, como el de aquél que además de sus deberes cotidianos pasa largos ratos entreteniendo a sus compañeros con bromas, juegos, historias o conversaciones. Otro se distinguirá como el altruista y dadivoso; otro como el regañón y exigente; otro se dará a conocer por sus afectos hacia la música y el arte; y aun habrá alguien que pase por tenorio en el grupo.

E. La personalidad y las relaciones administrativas

Un breve comentario de las teorías de la personalidad puede ser muy provechoso en el estudio de las relaciones humanas del líder. El concepto de "personalidad" es uno de los más difíciles de la Psicología. El término en sí tiene una etimología conflictiva, ya que viene de dos palabras latinas: *para sonare*, y en este idioma servía para designar la máscara de un actor antiguo. El significado literal resulta ser: "para sonar", refiriéndose al sonido de la voz de un actor que hacía el papel de otro individuo en una comedia. De manera que originalmente un "personaje" era el que hacía el papel de otro.

Sin embargo, con el transcurso del tiempo el término "persona" vino a entenderse como lo que un individuo es en realidad. Por esta dificultad etimológica, algunos prefieren ligar esta palabra con el término griego *hypóstasis*, que designa la esencia del ser. Pero debido a la poca frecuencia en el uso de esta palabra y la preferencia por el término "persona", se ha generalizado ya en el campo psicológico la aceptación de la palabra "personalidad".

Con el término *personalidad* se designa la configuración de las características y formas de conducta de un individuo en cuanto a su adaptación al medio ambiente, especialmente en el aspecto social. El estudio de la personalidad es de gran valor cuando se están considerando las relaciones humanas en el campo de la Administración. Sin embargo, no se puede dar aquí, por falta de espacio, más que un breve resumen de los esfuerzos realizados por definir la personalidad humana.

Son tantas las teorías de la personalidad, que los psicólogos han optado por dividirlas de acuerdo con los factores determinantes de cada una. Se pueden mencionar, por ejemplo, las teorías de los tipos, las de los rasgos, las del desarrollo y las de la dinámica de la personalidad.

1. *Teorías de los tipos de personalidad.* Tres teorías tipológicas se han utilizado para describir la personalidad y el carácter de los seres humanos, a pesar de la oposición presentada de parte de los psicólogos.

a) *La teoría morfológica.* El psiquiatra alemán E. Kretschmer dividía a la gente en tres clasificaciones: Los *pícnicos*, que se caracterizan por el cuerpo grueso, miembros cortos y una tendencia a engordar. Estos son alegres, complacientes y emotivos; pero también muy volubles y descuidados. Los *asténicos*, que se caracterizan por un cuerpo delgado, delicado y pulcro. Estos son muy disciplinados y meticulosos; pero también muy desconfiados y tímidos; tienden a ser más indiferentes y tacaños que los pícnicos. Los *atléticos*, que se distinguen por el cuerpo fuerte, hombros amplios y un carácter más equilibrado que los dos anteriores.

Esta misma teoría, pero con más elaboración, fue presentada por el americano Sheldon y sus colaboradores. Ellos hablaban de los *endomorfos*, con las mismas características y tendencias de los "pícnicos" de Kretschmer. Los *ectomorfos*, de cuerpo alto y delgado, cabello fino y sistema nervioso muy sensible; se identifica este grupo con los "asténicos". El tercer grupo de Sheldon es el de los *mesomorfos*, correspondiente a los "atléticos" de la clasificación anterior, de carácter equilibrado, aunque un tanto crueles, de cuerpo esbelto y vigoroso.

b) *La teoría bioquímica.* la antigua teoría de Hipócrates, el médico griego del siglo tercero a.C. y considerada posteriormente por el filósofo Kant, el psicólogo Wundt, el teólogo White y otros, está basada en lo que se conocía en el tiempo de Hipócrates como la química del cuerpo o "los humores". Lo predominante según esta teoría es la producción glandular de uno de los cuatro "humores" del cuerpo. De aquí que se hable de "los cuatro temperamentos", uno de los cuales sobresale en cada individuo:

El *sanguíneo,* en el cual predomina la sangre, es un individuo agradable y efusivo, vivaz y divertido; su entusiasmo natural le hace estar siempre rodeado de amigos. Las debilidades de este tipo son la locuacidad, la volubilidad, la indisciplina y el miedo. El *flemático,* analizado por Hipócrates como el temperamento calmado, frío, lento, condescendiente y bien equilibrado. En éste predomina la flema, la cual produce ese frío temperamental. Puede ser un buen diplomático. Entre sus debilidades están la indiferencia, el egoísmo, la desconfianza y a veces la indecisión. El *melancólico,* descrito por Tim LaHaye como "el más rico de los temperamentos. . . analítico, autosacrificial, dotado, sensitivo, artístico, imaginador, idealista."[8] Los defectos de este tipo son la depresión, la timidez, la melancolía, la introversión; muchas veces se torna en un criticón agudo y cruel. Predomina en él la bilis negra. El *colérico,* en quien predomina la bilis amarilla, es un individuo de voluntad firme y determinada; es optimista e independiente; confía mucho en sí mismo y a veces consigue grandes triunfos debido a su agresividad. Pero es muy irascible y violento; es sincero, pero muy cruel y exigente.

c) *La teoría de los tipos psicológicos.* Esta teoría, expuesta principalmente por el psicólogo Carl J. Jung, divide a la raza humana en dos clasificaciones psicológicas o conductuales, sin referencia a factores corporales o fisiológicos. Los *introvertidos,* son tímidos y depresivos; prefieren la soledad y el encierro. Sin embargo, son muy profundos y sentimentales. Los *extrovertidos,* en cambio, son sociables, comunicativos, alegres y activos. Negativamente hablando, son un tanto superficiales, volubles, indisciplinados y emotivos. Según lo indican una serie de estudios posteriores, sin embargo, se ha comprobado que la mayoría de las personas son *ambivertidas;* es decir, que manifiestan ambas tendencias alternadamente o bien proporcionalmente.

Una evaluación de las tipologías, sin embargo, nos obliga a reconocer que ninguna persona debe ser *estereotipada*. Es decir, no es correcto rotular a alguien con un tipo determinado, porque puede ocurrir que la observación esté mal orientada. Por otro lado, estas teorías sólo deben servir al estudiante de la conducta como auxiliares; nunca como normas estables. Lo más acertado es buscar una extensa gama de alternativas, en lugar de ir a los extremos. Francamente, de las tres teorías mencionadas, la primera ha sido descartada definitivamente. Las otros dos están sujetas a críticas y deben ser usadas con muchas reservas.

2. *Teorías de los rasgos.* Las teorías de los rasgos se basan en factores diferentes de los tipos. Aquí en lugar de estudiar las formas de los cuerpos y los elementos bioquímicos producidos por las glándulas endocrinas, se estudian los rasgos o características peculiares de cada individuo para poder darle una designación calificativa. Por ejemplo, se habla de individuos *agresivos, autoritarios, sumisos, rebeldes* o *altruistas*, etc. También hay rasgos más generales, como *religiosos, ateos, políticos*, etc. Entre los psicólogos que han hecho estudios sobre esto se puede mencionar a Murray, Allport y McDougall. Aquí también, como en los tipos es recomendable buscar alternativas entre los extremos antes de rotular o calificar a un individuo.

3. *Teorías del desarrollo de la personalidad.* Las teorías del desarrollo tienden a dar importancia a las continuidades; por ejemplo, alguien puede predecir mejor lo que hará un persona en una situación dada por lo que ha hecho antes en situaciones semejantes.

a) *La teoría psicoanalítica,* propuesta originalmente por Freud, enseña que el desarrollo de la personalidad consiste en el despliegue de los impulsos sexuales, a través de una secuencia de pasos desde la infancia hasta la madurez. Freud decía que la etapa *oral,* que tiene que ver con el estímulo de los labios y la boca ocurre en el primer año de edad; la etapa *anal,* que es la retención y expulsión de las heces, en el segundo año; y la *fálica,* relacionada con la estimulación de los órganos genitales, de 3 a 5 años. Todas dejan estructuras positivas o negativas para las próximas etapas: *latencia, adolescencia* y *madurez.*

En otras palabras, cada etapa cede el paso a la próxima y permite un desarrollo normal si produce placer al individuo; pero si una etapa es mal experimentada, ésta puede causar un desarrollo anormal, o más bien un estancamiento, lo cual determinará qué clase de persona se llegará a ser. Las teorías psicoanalíticas han sido muy criticadas.

b) *La teoría psicosocial o socioambiental* de Erikson seguía las mismas etapas de la teoría psicoanalítica de Freud, pero agregaba que en cada una de ellas el individuo se enfrenta con una crisis psicosocial; si sale victorioso, pasará bien a la otra; de lo contrario, su desarrollo será anormal.

c) *La teoría del aprendizaje* es una de las más acertadas. Aunque no se niega la existencia de fuerzas internas que residen por naturaleza en el individuo, como lo proponen los psicoanalistas, sí se asegura que dichas fuerzas (como el id, el ego y el superego de Freud) no determinan necesaria e invariablemente lo que un individuo ha de ser. El aprendizaje, es decir, las experiencias (agradables y de castigo) dejan en él una senda que le permite realizarse en la vida.

4. *Teoría de la dinámica de la personalidad.* Sólo mencionaremos brevemente las teorías de Freud y Lewin. Según *la teoría freudiana*, el *id* es el depósito de las tendencias innatas instintivas (sexuales, agresivas). Si no se le frena, el *id* busca inmediata expresión de los impulsos primitivos irracionales que tienden al placer. El *ego* regula al id, permitiendo sólo aquello que es aprobado socialmente. Cuando hay conflictos entre el id y el ego, la personalidad se ve afectada. La tercera parte de la personalidad es el *superego*, que más bien es sinónimo de *conciencia*. Este trata de mantener a los dos anteriores bajo las normas más nobles, de acuerdo a los más altos ideales.

La *teoría de Kurt Lewin* (o *teoría del campo*). Hace resaltar lo contemporáneo más bien que lo histórico. Se opone en cierto modo a Freud, porque ve la conducta del individuo influida por el campo en el cual se desenvuelve. De esta manera, la personalidad del individuo se desarrolla de acuerdo con el medio ambiente, respondiendo a predisposiciones personales internas modificadas en su alrededor.

Evaluación general:

Ultimamente la psicología ya no es el campo de juego de

humanistas y materialistas solamente. Hay psicólogos que pueden responder a las distintas teorías de la personalidad. No se niegan los factores corporales y fisiológicos; tampoco se pueden ignorar los rasgos distintivos ni la influencia del aprendizaje. Sin embargo, en el desarrollo normal de una personalidad eficiente, especialmente para el liderazgo cristiano, se hace necesario preguntarnos cuáles son las verdaderas fuerzas motrices y las causas psicológicas del ser humano. Las Escrituras nos presentan al hombre como creado de dos substancias distintas. Su aspecto físico pertenece a una creación material (el polvo de la tierra). El aspecto espiritual del hombre, que resuena muy poco entre las teorías psicológicas, pertenece a algo inmaterial (el soplo divino).

Por estas razones la psicología, la antropología y todas las ciencias humanistas hallan dificultad al describir al hombre, porque éste es un ser complejo, hecho de elementos tan variados y complicados que demanda las definiciones de todas las teorías y mucho más. La personalidad puede ser influida por el medio, pero también existen en ella elementos innatos; no sólo los que mencionó Freud, sino el espíritu, que se encuentra en rebelión contra Dios, pero que a través de la regeneración y la santificación puede llegar a ser un verdadero instrumento para Dios y la humanidad.

Recomendamos al estudiante un estudio más a fondo de todas estas teorías para poder tratar mejor con aquellos que viven alrededor de él. Hemos hecho mención de ellas aquí sólo para ampliar su búsqueda como líder de grupo y fomentador de las relaciones humanas para un administración cristiana mejor.

Ejercicios y aplicación

1. Mencione y explique las cuatro diferencias en propósito entre comunicación y relaciones humanas.
2. Mencione las diferencias en cuanto a medios y métodos.
3. Discuta la máxima: "Es muy agradable ser importante; pero es más importante ser agradable".
4. ¿Qué es ser agradable?
5. ¿Cuál es el consejo de Dale Carnegie para conseguir que alguien haga algo?
6. Según Puigvert, ¿cuál es la mayor dificultad en la aplicación de las relaciones humanas?

7. Explique la ecuación de "la filosofía de una persona".
8. Explique la ecuación de la conducta.
9. Mencione el orden de necesidades que presenta Abraham Maslow.
10. ¿Qué es el "marco de referencia"?
11. ¿Qué diferencia hay entre un grupo físico y un grupo social?
12. ¿Cuáles son las tres alternativas que una persona tiene en su adaptación a un grupo?
13. Describa brevemente las características principales de cada uno de los temperamentos.
14. En general, ¿cree usted que el grupo modifica al individuo? Explique.
15. Describa el carácter y temperamento suyo. ¿A cuál de los cuatro pertenece usted?
16. Mencione los grupos a que usted pertence y diga cómo han influido en su persona.

---

[1] Adam Sferra, M.E. Wright y L. Rice, *Personalidad y Relaciones Humanas*, (México, Libros Mc Graw-Hill, 1972), p. 12.

[2] Dale Carnegie, *Cómo ganar amigos e influir sobre las personas* (Buenos Aires, Argentina: Editorial Sudamericana S. A. 1959), p. 46.

[3] Alfredo Puigvert, *Manual de relaciones humanas*, (Madrid, Selecciones Gráficas, 1969), p, 102.

[4] *Ibíd*.

[5] Robert C. Sedwid, *Interaction: Interpersonal Relationships in Organizations*, (New Jersey, Prentice-Hall Inc., 1974), p. 10.

[6] *Ibíd*.

[7] Marvin E. Shaw, *Group Dynamics*, (New York: McGraw-Hill Book Co., 1971), p. 10.

[8] Tim La Haye, *El varón y su temperamento* (Caparra Terrace, Puerto Rico: Editorial Betania, 1978), p. 85.

SEGUNDA PARTE

Las seis etapas del proceso administrativo

APRECIACION DE SITUACIONES Y FACTORES (Primera etapa administrativa)	5

A. El arte de apreciar en la Administración

Todo trabajo empieza con una cuidadosa apreciación

Nadie inicia cualquier clase de actividad, por simple que ésta sea, ni realiza un negocio, sin percatarse de la razón de hacerlo, y cuando se olvida u omite esta acción, los resultados por lo general son negativos. La apreciación se define como la acción de observar, estimar e interpretar el valor de cada persona, situación o cosa en un momento dado, para calcular qué se puede hacer.

El arquitecto necesita ubicarse en el lugar de la construcción para poder imaginar el edificio que se espera construir, para lo cual tomará en cuenta la línea autorizada de construcción, la posición topográfica, etc. El médico hace un estudio analítico de su paciente antes de recetarle la medicina. El encargado de pintar una casa hará muy bien si antes de escoger la pintura abserva la que actualmente tiene dicho edificio, para determinar cuál sería el mejor color a aplicarle, tomando en consideración el vecindario, tipo de construcción, precios de pintura y gustos de los ocupantes. Todo militar, antes de inciar una campaña, hace un minucioso reconocimiento del terreno, el tiempo, sus tropas, sus armas, su enemigo, etc. Se espera que el ministro cristiano sea también un experto apreciador y que antes de planear haga un cuidadoso análisis del campo que se le ha designado, o del tipo de trabajo que está a punto de iniciar. No se puede planear sin apreciar; así como no se compra una hacienda sin primero conocerla, o un carro sin haberlo visto antes.

El arte de apreciar demanda una excelente disposición perceptiva

El grado de percepción de una persona tiene mucho que ver con su disposición: es decir, ve lo que espera ver; oye lo que espera oír y lo interpreta todo de esa misma manera. La educación de la persona, su "modo de pensar", o dicho de una manera más técnica, "su filosofía de la vida", determinará en gran parte su grado de percepción. Así lo indicamos en el capítulo tercero, citando a los doctores Velásquez y González sobre "percepciones pobres y ricas". También se ilustra el grado de percepción apreciativa con el caso del zapatero ingenuo. Este fue llevado a la galería donde se estaba exhibiendo una famosa pintura, obra maestra de un artista genial.

Su pobre apreciación ante aquella pieza de arte la demuestra exclamando: "¡Miren los zapatos!" Los matices, los rasgos característicos del artista y todos los demás encantos del cuadro, nada significaban al alma prosaica de aquél cuyo mundo, vida y experiencias sólo tenían que ver con zapatos.

Se dice que Miguel Angel, el grande e inmortal escultor renacentista, observaba absorto una vez un trozo de mármol. Los que lo seguían, sorprendidos por tanta admiración de parte del maestro le preguntaron. "¿Qué miras?" A lo que él respondió: "Veo un bello ángel."

Allí donde la mirada vulgar no halla más que un rústico trozo de mármol, el ojo experto comunica a la mente imaginadora una gran belleza. Pero debemos recalcar aquí que la verdadera apreciación administrativa no ve sólo lo bello, lo bueno y lo positivo. Es necesario apreciar también lo malo, lo negativo y lo deficiente de la tarea que estamos a punto de realizar. Debemos recordar que los que más han hecho, los que han transformado el mundo, son aquéllos que han podido detectar los defectos y deficiencias y los han considerado con un optimismo realista y franco.

El administrador que se inclina a ver únicamente lo bueno de su campo es tan inepto como el pesimista que sólo fija sus ojos en lo malo y defectuoso de las situaciones, personas y cosas que integran su empresa. El primero no se preocupará jamás por modificar o mejorar nada, porque a su juicio todo está bien. Debido a su equivocada satisfacción, en lugar de eliminar las deficiencias, tiende a adaptarse a ellas. El segundo es tan negativo y egocéntrico que, a pesar de su ambición por transformarlo todo a su antojo de la noche a la mañana, se desmoraliza al informarse (equivocadamente) de que no hay nada bueno y que lo mejor es abandonar la tarea.

B. Métodos eficaces de apreciación

Muchos líderes tienen serios problemas al iniciar un trabajo, porque en lugar de investigar por las vías administrativas, se dedican a conseguir información barata de parte de individuos mal informados que en lugar de ayudarlos, los desorientan y los inducen a decisiones nada beneficiosas y muchas veces contraproducentes.

Otra actitud negativa es la del líder autosuficiente que creyendo tener las mejores ideas y el mejor juicio, no consulta ni hace esfuerzos por indagar o investigar, sino que se lanza a la acción, sin saber aún si es necesario hacer lo que está haciendo. Se sugieren varios métodos de apreciación.

La investigación científica como la presentan los psicólogos[1]

Esta consta de cinco pasos graduales:

1. *La observación.* La observación no es tan fácil como creemos corrientemente. Muchas veces podemos observar los seres y los hechos de la naturaleza con el solo auxilio de nuestros sentidos. En este caso decimos que la observación es *simple*. También se menciona la observación *instrumental* o armada, en la que se utilizan instrumentos de información como la computadora, el microscopio, la grabadora, auxiliares de cálculo y análisis, etc.

El proceso de observación simple, para que sea efectivo, incluirá un buen número de contactos personales, conversaciones, interrogatorios y entrevistas con aquellas personas que están enteradas de los hechos que conciernen al trabajo en cuestión. Está también el aspecto físico de la observación, que demanda dos cualidades importantes en todo líder: una mirada penetrante; que es la capacidad de ver, notar diferencias, defectos, imaginar cambios, etc. Además se requiere capacidad auditiva: saber oír, atender y discernir consejos, aceptar y analizar sugerencias, etc. Observar es mirar, admirar, detectar, describir.

2. *Descripción de hechos y situaciones.* Lo ideal es que el investigador reproduzca lo observado por él con la fidelidad de una cámara fotográfica, sin añadir, omitir ni desfigurar ningún detalle. Describir detalladamente la situación del campo asignado, tal como está hoy, es el primer paso para determinar lo que se hará mañana.

3. *Clasificación de hechos y situaciones.* Para construir una casa se necesitan materiales; pero un montón de materiales no es una casa. Así la investigación no consiste en montones de datos e ideas, sino en las clasificación y disposición de éstos. Repitamos la máxima de Spencer: "El hombre cuyas ideas están desorganizadas, cuantas más tenga, tanto mayor será su confusión." Hay que destacar los rasgos característicos que han sobresalido con más insistencia durante la observación y organizarlos para establecer las bases de la planeación.

4. *Hipótesis.* Sobre las bases de los datos clasificados y dependiendo de su calidad de criterio de interpretación, el líder está en capacidad de presentar una hipótesis o proposición. Es decir, partiendo de los resultados de varios hechos observados se supone que un hecho en particular producirá ciertos resultados.

5. *Verificación.* Después de este proceso de investigación se puede decir que ya se cuenta con bases para realizar la planeación. Mejor dicho, ya se sabe qué hacer; ahora es asunto de planear cómo se verificará.

La interpretación de valores como método de apreciación administrativa

Ya se dijo algo sobre la disposición del individuo hacia lo que se trata de apreciar, pero se debe enfatizar aquí la necesidad de establecer las bases para interpretar los valores de cada factor disponible. Todo líder cristiano debiera hacer suyo el siguiente lema: "Nuestra fuerza no depende de lo que tenemos, sino de lo que podemos hacer con lo que tenemos." Es cierto que la escasez de dinero, tiempo y habilidades es apremiante y a veces no nos permite hacer todo lo que queremos; pero la experiencia enseña que en la mayoría de los casos, no es la escasez sino el mal uso de nuestros recursos, lo que más daña. La verdad es que a veces se ignora el valor de las cosas.

1. Cada ser humano es una realidad en potencia. Los que

más han hecho por la humanidad, lo lograron por su apreciación del potencial humano. Cuando el Padre envió a su Hijo al mundo no lo hizo por lo que el hombre era, sino por lo que llegaría a ser. Cristo asombró a sus discípulos, cuando les dijo: "El que en mí cree, las obras que yo hago, él las hará también; y aún mayores hará, porque yo voy al Padre." Fe es la palabra más grande. El que no tiene fe en los demás, no tiene fe en sí mismo ni en Dios. Observemos dos cosas: (a) La mina de oro del ser humano es su voluntad. (b) La entrada a esa mina es la motivación "Querer es poder" y si queremos que pueda, hagamos que quiera, dándole el valor que merece.

2. Las mejoras aumentan el precio. Esta es una técnica en el comercio: ciertas modificaciones y un poco de pintura han sido suficientes para vender y sacar ganancias de una casa que nadie quería. La siembra de árboles y flores aumentan el valor de una propiedad. Lo mismo ocurre con las personas y aun con aquellas que no creen valer tanto. Cuántos hay en grandes e importantes lugares hoy, gracias a que otros los ayudaron a salir del anonimato y la ignorancia. El mejor líder es aquél que sin discriminación toma el elemento humano que se le asigna y lo transforma, mediante el cultivo de virtudes y conocimientos. Tómense en cuenta los siguientes detalles señalados por el doctor G. W. Crane:

> La habilidad de aprender aumenta hasta la adultez y luego permanece fija hasta la senectud. La opinión popular de que los niños aprenden más que los adultos es incorrecta. El aprendizaje es función tanto de la inteligencia innata, como del conocimiento y el vocabulario adquiridos, los cuales van aumentando mientras la persona va madurando.[2]

Teniendo en cuenta estos conceptos, se espera que el líder aprecie más a su gente y en lugar de ver la ignorancia e indiferencia que manifiestan, vea la posibilidad de adiestrarlos y aumentar así su valor: el valor intrínseco y no sólo lo externo y aparente.

3. El mejor intérprete de valores es el que reconoce que cada cosa posee un valor representativo. Cuando uno ve las flores del jardín del vecino, es probable que a primera vista les dé un valor material; es decir, piensa en términos netamente moneta-

rios y deduce que si se cortaran todas y se llevaran al mercado, quizá no le darían ni lo suficiente para comprar los alimentos de un día. Pero esas flores tienen otro valor: valen años de trabajo entusiasta, tardes enteras y sábados agotadores de especial atención y cuidado.

Eso mismo ocurre también con las propiedades de la iglesia: muchas veces se subestiman y menosprecian de tal modo que no se da importancia a nada ni se tiene cuidado de lo que las cosas valen para aquéllos que se han esforzado en adquirirlas. De manera que, en la buena administración todo se estima por su valor monetario y también por su valor representativo. Se presenta también como valor *subjetivo* y *objetivo*: valor subjetivo es el que da el propietario a sus cosas; en cambio un empleado lo valora todo objetivamente, como cosas ajenas. El líder cristiano debe verlo todo subjetivamente, porque la obra de Dios es su obra y las cosas de Dios son sus cosas.

C. Apreciación de las necesidades comunitarias

La apreciación analítica de todo lo que hay y lo que se ha hecho debiera ser seguida por una investigación de las necesidades de la comunidad o iglesia que se va a administrar, conocidas o desconocidas.

Las necesidades primarias son notadas por todos, debido a su naturaleza física

En el capítulo cuatro, en nuestro estudio del hombre como base de la sociedad, citamos la lista jerárquica de las necesidades básicas de los seres humanos. En la tarea de apreciación es indispensable que el líder tome en cuenta esos importantes conceptos y que sea sensible a las necesidades del pueblo que dirige, si quiere en verdad influir en él y hallar cooperación para el proceso administrativo. Recuérdese que el sabio consejo de los educadores es: "Dales lo que necesitan, y harán lo que tú quieras." Y yendo un paso más abajo en el acercamiento apreciativo nos encontramos con el otro refrán: "Dales lo que les gusta, y entonces podrás darles lo que necesitan."

1. Reconocemos como primarias las necesidades *físicas*, *materiales* y de *seguridad*.

a) La salud de las personas es decisiva para su buena participación en el desarrollo y marcha de la iglesia o asociación. El buen líder debe interesarse en la salud de cada persona de su grupo, como el pastor cuida de la salud física de cada oveja. Haciendo esto ganará terreno en tres direcciones: En primer lugar, esta es la parte más humanitaria de la administración: él es principalmente líder y pastor de almas y como tal, se espera que haga y busque lo mejor para su pueblo. Cristo predicaba el mensaje celestial, pero nunca olvidó que estaba ministrándolo a criaturas terrenales. A cada lugar a donde iba, sanaba a los enfermos y liberaba a los endemoniados. Cuando el hambre hacía estragos en la multitud y obstaculizaba la comunicación de sus divinas enseñanzas, usó las provisiones necesarias y disponibles y multiplicándolas, sació a todos. Aquí vemos el uso de la fe que obra milagros y la fe que utiliza los medios disponibles.

En segundo lugar, el preocuparse por las cosas que afectan a su gente, aun las más pequeñas, engrandece al líder y lo dignifica ante su pueblo como un altruista de corazón. "Las cosas pequeñas hacen a los hombres grandes." El peor líder es aquél del cual dicen: "A él no le preocupa mi problema; es un indiferente."

En tercer lugar, mostrando simpatía por la salud de una persona se gana la voluntad de toda una familia. Esto beneficia en mucho a la iglesia en general.

b) Sostén económico. Es cierto que el líder cristiano no está obligado a proveer el dinero para el sostén de la gente de su iglesia, pero sí está en la capacidad de intervenir para mejorar el estado económico del pueblo: capacitando mejor a la gente, enseñando a leer y a escribir, cultivando en ellos nuevos métodos de conducta y mejor organización para el trabajo, el comercio y las relaciones. Una cuidadosa apreciación de la situación económica le ayudará a planear e iniciar nuevas industrias, nuevas fuentes de trabajo y mejores conexiones con las compañías e instituciones ya establecidas. Como resultado, su propia situación económica mejorará con la de su pueblo.

c) La necesidad de protección y seguridad: mejores viviendas, mejores caminos, servicio de agua, luz, centros clínicos y veterinarios, orden público, un templo mejor, aulas y lugares de recreación, escuelas y medios educativos para los niños. Todas estas y muchas más son preocupaciones constantes de la gente. El líder que está dispuesto a apreciar e intervenir en estas situaciones, no sólo tendrá material de planeación, sino contará también con la espontánea cooperación de todos.

2. ¿Por qué se deben satisfacer estas necesidades primero?

a) Porque están a la vista de todos. Con excepción de algunas enfermedades y situaciones desconocidas, todas las necesidades mencionadas arriba son detectadas por la gente. Por eso mismo se convierten en obstáculos para el desarrollo de los otros aspectos de la vida.

b) Son de respuesta más o menos inmediata. Un proyecto de letrinización, de pavimentación de pisos, de vacunación, de capacitación manual, de reparación del edificio y otros de esta índole son de prontos resultados. Por eso mismo, éstos pueden motivar·más eficazmente al grupo.

3. ¿Con qué actitud se debe realizar esta apreciación?

a) Con sabiduría y estrategia, para no herir sentimientos ni poner en aprietos a nadie.

b) Sin la intención de subestimar los esfuerzos realizados por la persona que ocupaba ese lugar anteriormente. Debe recordarse que minimizando a otros, no nos engrandecemos a nosotros mismos.

c) Con optimismo: "Es mejor encender una vela que maldecir la oscuridad."

Las necesidades secundarias, las de carácter social y espiritual son a veces descuidadas.

Las llamamos secundarias aquí, no porque tengan menos importancia que las anteriores, sino porque el ser humano tiende a postergarlas, debido a que se puede vivir físicamente sin su debida satisfacción, pero la verdadera vida consiste en expresarse y desarrollar aquellas virtudes innatas y adquiridas que son características en el hombre. De ahí que se requiera de todo buen líder que ponga la vista en esas necesidades que sólo él puede visualizar, si es que cuenta con la debida capacidad para ello.

1. Amar y ser amado

Este es el aspecto social más personalizado del grupo. El

amor no sólo se concibe como pasivo, sino también como activo; es decir, no sólo recibir amor, sino también dar amor. El líder cristiano deberá enterarse de la atmósfera que respira la comunidad cristiana en este sentido. Este aspecto de la vida se cultiva a través de una serie de actividades grupo-dinámicas. La iglesia primitiva establecía "ágapes" o fiestas de comunión "para el fomento y la expresión de amor mutuo, las cuales eran conducidas por los cristianos antes de la celebración de la cena del Señor y en las que los cristianos pobres se juntaban con los más ricos para participar en común de los alimentos provistos por éstos (Judas 12; 1 Corintios 11:12; 2 Pedro 2:13; Hechos 2:42-46).[3] En este último pasaje se destaca la atmósfera en la que ocurría este acto: "Comían juntos con alegría y sencillez de corazón."

Es recomendable que todo líder cristiano se preocupe por observar a fondo cómo marcha la vida socio-cultural de la iglesia, para planear actividades que provean un ambiente de fraternidad y expresión. Hay iglesias que fracasan por no fomentar este aspecto vivencial y dinámico de la vida cristiana. Es cierto que la adoración determina el grado de amor a Dios, pero la comunión fraternal determina el amor y comprensión entre los cristianos y no pueden existir la una sin la otra. Organícense asociaciones, grupos y conjuntos para desarrollar este aspecto.

2. Uso y expresión de habilidades.

No se debe descuidar el grado de participación de los miembros; esto determinará el interés con que cada uno cooperará en las actividades. A veces, toda la actividad está concentrada en un pequeño grupo de favoritos. Esto no sólo hace el trabajo más gravoso, sino también trae estancamiento al proceso de desarrollo de líderes. Descubrir talentos e incorporarlos al sistema es una de las más refinadas características de un buen líder.

D. Apreciación de criterios en la organización

No consultar es un error administrativo y corresponde a una conducta directriz muy egocéntrica y autoritaria. Algunos líderes han incurrido en esta falta y han cosechado amargos resultados. En la historia hebrea hallamos dos ejemplos clásicos de falta de consulta:

La alianza impremeditada e inconsulta de Josué con los gabaonitas

El incidente del campamento de Gilgal demuestra lo que puede ocurrir a todo líder que toma decisiones momentáneas y especialmente cuando no se consulta la voluntad de Dios.

> Mas los moradores de Gabaón, cuando oyeron lo que Josué había hecho a Jericó y a Hai, usaron de astucia; pues fueron y se fingieron embajadores, y tomaron sacos viejos sobre sus asnos, y cueros viejos, rotos y remendados. Y vinieron a Josué al campamento en Gilgal, y le dijeron a él y a los de Israel: Nosotros venimos de tierra muy lejana; haced pues ahora alianza con nosotros. Y los hombres de Israel tomaron de las provisiones de ellos, y no consultaron a Jehová. Y Josué hizo paz con ellos y celebró con ellos alianza concediéndoles la vida; y también lo juraron los príncipes de la congregación. Pasados tres días después que hicieron alianza con ellos, oyeron que eran sus vecinos, y que habitaban en medio de ellos. Y llamándoles Josué les habló diciendo: ¿Por qué me habéis engañado? (Josué 9:3-6, 14-16, 22).

La decisión desequilibrada de Roboan provocó la ruptura del reino

Aquí el problema no consistió en no consultar, sino más bien, en no consultar a quienes estaban en capacidad de opinar correctamente. Esto es una evidencia de que "el hacer las cosas bien, importa más que el hacerlas". Saber a quién y cómo consultar es muy importante para un liderazgo acertado. Roboam era un líder terco y obstinado, muy diferente a su padre Salomón, quien confiaba tanto en la opinión de los sabios. "En la multitud de consejeros hay seguridad" (Proverbios 11:14). Notemos la conducta de Roboam ante las demandas del pueblo:

> Entonces el rey Roboam tomó consejo con los ancianos que habían estado delante de Salomón su padre cuando vivía y les dijo: ¿Cómo aconsejáis vosotros que responda a este pueblo? Y ellos le contestaron diciendo: Si te condujeres humanamente

con este pueblo; y les agradares, y les hablares buenas palabras, ellos te servirán siempre.

Mas él dejando el consejo que le dieron los ancianos, tomó consejo con los jóvenes que se habían criado con él. . . Entonces los jóvenes le contestaron: Así dirás al pueblo que te ha hablado diciendo: Tu padre agravó nuestro yugo, mas tú disminuye nuestra carga. Así les dirás: Mi dedo más pequeño es más grueso que los lomos de mi padre. Así que, si mi padre os cargó de yugo pesado, yo añadiré a vuestro yugo; mi padre os castigó con azotes, y yo con escorpiones (2 Crónicas 10:6-11)

Nos consta que la división del reino de Israel ya era plan de Dios, por lo que Roboam no fue totalmente depuesto de la administración; pero no es la voluntad de Dios que la Iglesia se divida (1 Corintios 1:10), por lo que no se espera que el ministro actúe arbitraria y desconsideradamente.

Técnicas dignas de confianza en el proceso de consulta de la opinión de la iglesia

Los que han de cooperar física o económicamente en las actividades que queremos realizar, han de ser debidamente consultados, si queremos mantener su interés y buena voluntad. La mayoría de las rupturas y divisiones ocurren en las iglesias por falta de comunicación y compromiso. Algunos pastores no quieren y otros no pueden tratar los negocios, planes y proyectos de la iglesia con métodos democráticos, por lo que no reciben ni el apoyo moral ni la ayuda adecuada para nada. Consideremos algunos métodos de consulta que se pueden utilizar para conseguir la aprobación de la iglesia:

1. Consulta individual. A través de conversaciones, incidentales o planeadas; por medio de entrevistas con personas de suficiente madurez y consultas a oficiales y miembros claves en el grupo, se logra muchas veces captar el grado de aceptación que tendrá un proyecto. También habrá ocasiones en que una simple conversación haga que el líder reconozca lo inadecuado de su proposición o punto de vista. Un líder sabio y sensitivo estará dispuesto a desistir de un plan si se ve obligado a ello, ya sea por fuerzas externas o internas.

2. Reunión de oficiales. Si las consultas individuales han alentado esperanzas, el próximo paso será reunir a los oficiales para ver cuál es la opinión de ellos sobre lo que se está gestando.

3. Consulta a oficiales superiores. Se recomienda consultar a los oficiales territoriales o nacionales, para no inducir a la iglesia a una actividad o proyecto que, al fin de cuentas, no goce del apoyo general de la oficialidad de la entidad.

4. Sesión general. En este proceso de apreciación y previsión, uno de los métodos más eficaces para conocer la opinión general de la iglesia es la sesión general. Por sesión general se quiere significar la reunión de todos los miembros de la iglesia. Para conducir una sesión eficientemente se necesitan orden y reglas que faciliten la comunicación, discusión y aprobación de los asuntos presentados. En la última sección de este libro se provee orientación sobre principios parlamentarios a fin de que el pastor o líder pueda sacar de las reuniones de la iglesia el mayor provecho posible.

Recomendamos estudiar y aplicar esos principios, no sólo en las reuniones de apreciación, sino en toda sesión de negocios de la iglesia.

Ejercicios y aplicación

1. Dé una definición de "apreciación".
2. ¿Por qué algunos ven sólo lo malo y negativo de las cosas?
3. ¿Qué dice usted de la apreciación del zapatero ante el famoso cuadro?
4. Explique las diferencias entre el líder que en la apreciación sólo ve lo bueno y el que sólo ve lo malo.
5. Comente los problemas del líder que depende de la información barata y el "autosuficiente".
6. Haga un resumen breve de los cinco pasos de la investigación.
7. Hable algo del "potencial humano" y "las mejoras".
8. En una propiedad, las mejoras aumentan el precio. ¿Qué hace subir el valor de una persona?
9. ¿Qué puede decir del valor material y el valor representativo de la cosas?
10. ¿Qué opina el doctor Crane acerca de la opinión popular de que los niños aprenden más que los adultos?

11. ¿Cuáles son las necesidades primarias del hombre?
12. ¿Cuáles son las necesidades secundarias del hombre?
13. Describa la razón de los problemas de Josué con los gabaonitas.
14. Mencione algunas técnicas dignas de confianza para consultar la opinión del pueblo.

---

[1] Velásquez y González, *Op. Cit.*, p. 22-23.
[2] George W. Crane, *Psychology Applied*, (Mellot, Indiana: Hopkins Syndicate Inc., 1964), p. 27, 61.
[3] Joseph Henry Thayer, *Greek-English Lexicon of the New Testament* (Delaware: The National Foundation for Christ, Ed.), p. 4.

PLANEACION DE OBJETIVOS Y PROCEDIMIENTOS
(Segunda etapa administrativa)

6

A. Definición e importancia de la planeación

Mientras la apreciación investiga lo que se puede hacer, la planeación determina exactamente lo que se va a hacer. La planeación consiste en determinar el curso de acción a seguir, fijar los objetivos a alcanzarse, establecer los principios que han de regular la acción y designar los medios que se utilizarán al efecto.

¿Por qué invertir tiempo y esfuerzo en planear?

Algunos piensan que en la planeación se usa mucho tiempo, que pudiera usarse en la acción y evitar tanto rodeo; pero, desafortunadamente los que se han lanzado a la acción sin planear no han llegado muy lejos. El doctor Nesman ilustra la verdadera importancia de la planeación, distinguiendo dos tipos de líderes: el *autoritario* y el *democrático*. Fija también tres puntos importantes en la acción: *iniciación*, *legitimación* y *terminación*.

El *líder autoritario* es el productor de todas las ideas. Nadie está en la capacidad de hacerle ninguna recomendación, mucho menos de alterar sus estupendas ideas; por lo tanto, no las consulta, sino las impone inmediatamente y pide que todos hagan lo que él dice. Ya en el curso de acción descubre los errores y fallas del proyecto, lo que les toma más tiempo para la terminación y les produce resultados poco deseables. El *democrático* pasa más tiempo planeando, pero el curso de acción es más corto, más económico y los resultados son mejores. Observemos la siguiente ilustración:[1]

La I significa iniciación, o sea el momento en que surge una idea. La L o legitimación es el acto de decidir o determinar lo que se va a hacer y la T o terminación es el punto final o la conclusión de una actividad.

```
Autoritario   I          L                    T
              X ———— X ——————————— X

Democrático   I                   L      T
              X ——————————— X —— X
```

Los que no planean se ven en aprietos

Basta observar los apuros y el nerviosismo que experimentan los encargados de servicios y actividades locales mal planeados. A última hora, ya no hallan qué hacer, ni a quién llamar para remendar los agujeros y llenar las lagunas del "programa". Planear es una ciencia que se basa en datos y cálculos: los datos son reales y exactos; los cálculos son ideales y aproximados.

Planeár es un proceso que requiere la participación de todos aquéllos que estarán involucrados. Por lo que debe realizarse en una serie de juntas especiales y generales. Los datos e informes producidos en el proceso de apreciación servirán como base para las decisiones que se tomen en la planeación.

B. Fijación de objetivos generales y específicos

Sin objetivos no habrá entusiasmo ni voluntad.
"Quien nada busca, nada halla."

Los líderes influyentes, los que están siempre rodeados de una multitud animada y voluntaria, son los que ven hacia adelante, los que cuentan con ideales y objetivos y los pueden comunicar a sus seguidores. Hombres de guerra como Alejandro Magno, Julio César y Napoleón Bonaparte I; hombres de Dios como Moisés, Nehemías, Cristo, Pablo, Luetero, Juan Wesley y otros grandes líderes religiosos; así también muchos hombres de empresa e industria como Andrés Carnegie y Juan D. Rockefeller han sido hombres de visión y objetivos. Estos y muchos más que han triunfado en la vida, no siempre contaron con los medios materiales para su empresa; pero siempre estuvieron llenos de entusiasmo, ensueños y objetivos.

La razón por la que muchos fracasan en el mundo y se ven frustrados y deprimidos, tanto en su vida privada como en su trabajo, es la falta de objetivos o metas definidas. Los viejos refranes "el que a nada apunta a nada pega" y "quien nada busca, nada halla", encierran una buena dosis de filosofía práctica para el administrador de hoy. Es necesario señalar la meta que se quiere alcanzar para poder delinear el curso de acción a seguir. El filósofo Séneca dijo: "Si el hombre no sabe hacia cuál puerto se dirige, ningún viento le es favorable".

¿Qué entendemos por "objetivos" en la administración eclesiástica?

La palabra griega *skopós*, usada en Filipenses 3:14 se traduce "meta", "blanco" y "objetivo": punto de mira para el tirador y meta triunfal del atleta. En latín, el término *obiectus* designa un punto fijo a donde uno dirige la vista y la atención. George Terry lo describe así:

> Un objetivo administrativo es una meta que se fija, que requiere un campo de acción definido y que sugiere la orientación para los esfuerzos de un dirigente. En esta definición se ha llamado la atención sobre cuatro conceptos que son: (1) meta; (2) campo de acción; (3) defición de la acción; y (4) orientación. Los propósitos que se enuncian en términos vagos o ambiguos tienen muy poco valor administrativo. Por ejemplo, objetivos tales como "hacer lo más que se pueda" o "terminar el trabajo pronto", se prestan a distintas interpretaciones y frecuentemente conducen a confusión y desorden.[2]

Fijar objetivos para realizar las actividades de la iglesia debe ser el ideal de todo líder, si es que desea progresar y conducir la marcha de su iglesia con éxito y resultados positivos. Por ejemplo, la evangelización, el crecimiento de la iglesia, la educación cristiana, la construcción del templo y las ficilidades para la educación, el desarrollo social y espiritual del pueblo, etc., son trabajos que caminan muy mal, por falta de líderes con visión y objetivos.

Fijar los objetivos es parte esencial del proceso de planeación

Las juntas y sesiones en las que se espera fijar los objetivos del programa deben estar integradas, (de ser posible) por la totalidad de la gente que deberá cooperar para la consecución de los mismos. Bower describe esta actividad de la manera siguiente:

La función específica de la planeación es establecer metas y señalar los medios para alcanzarlas. En cuanto a tiempo o secuencia, la planeación es el proceso de delinear el programa fijado para cierta fecha. Es, básicamente, el elemento predictivo el que caracteriza la función de la planeación. Es la habilidad de predecir circunstancias que prevalecen en el futuro y preparar el programa más apropiado para alcanzar los objetivos de la corporación.[3]

Además se deben prever obstáculos y dificultades que, indudablemente, surgirán en el camino. Es deber de la administración no sólo divisar los problemas en el logro del objetivo, sino también planear posibles salidas o soluciones. Es lo que conocemos como *planeamiento de riesgos*.

Clasificación de objetivos

Para evitar malos entendidos y confusiones en cuanto a los objetivos, éstos deben ser clasificados según su naturaleza, duración y alcance:

1. Por su naturaleza, los objetivos pueden ser *colectivos* e *individuales:* (a) Los colectivos son aquellos objetivos que no sólo afectarán positivamente a todos los componentes de la iglesia, sino que demandan la cooperación sistemática de todos y cada uno de ellos. Por ejemplo, la consagración, el avivamiento y el desarrollo espiritual. Estos son objetivos de la colectividad. (b) Los individuales son objetivos que por su naturaleza afectarán a ciertos individuos de la iglesia o asociación. Por ejemplo, la capacitación o especializacón de ciertos líderes como el gerente, el pastor, el superintendente, el ministro de música y educación, la directora de la escuela de verano, el director del campamento juvenil, etc.

2. Por su duración, los objetivos pueden ser *a largo* o *a corto plazo:* (a) Objetivos a largo plazo. A veces, una iglesia estable y bien constituida puede fijarse planes por quinquenios, es decir, para los próximos cinco años. En un plazo de cinco años se

pueden realizar obras de tal magnitud como la construcción de un edificio, o cierta meta numérica en el crecimiento de la iglesia, etc. Los programas bienales también se consideran a largo plazo; son aquellos objetivos que se alcanzarán en dos años. Tanto en el plan de cinco años como en el de dos años, existe la posibilidad de un cambio de pastor, para lo que habrán de hacerse provisiones y a la vez considerar algunas pautas de flexibilidad en los planes, a fin de hacer algunas modificaciones, de ser necesarias.

b) Objetivos a corto plazo. Estos se dividen en dos grupos: Los que van incluidos en un plan a largo plazo, es decir, los objetivos que deben ser alcanzados para poder llegar a alcanzar el más distante y final. Están también los objetivos a corto plazo independientes de otros. Todo objetivo de un año o menos duración puede considerarse a corto plazo. Por ejemplo, una campaña de visitación y evangelismo, de educación familiar, de orientación juvenil, de mejoras en los edificios, etc. Estos son trabajos que se pueden programar a un mes, a dos, a seis meses y hasta un año de plazo. Todo depende del tipo de proyecto y de los medios disponibles.

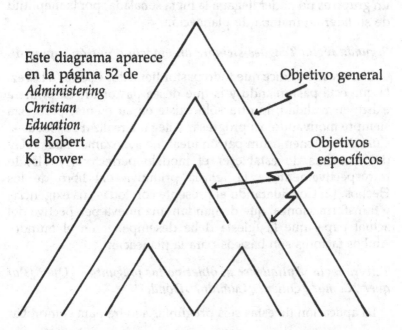

Este diagrama aparece en la página 52 de *Administering Christian Education* de Robert K. Bower

Objetivo general

Objetivos específicos

(3) Por su alcance, los objetivos son *generales y específicos*. Los generales son los que nos proponemos alcanzar a largo o a corto plazo; los específicos son los que sirven de base, o son indispensables para llegar a los mayores. Por ejemplo, si queremos superar el programa educativo como objetivo general, tendremos que superar a los maestros como objetivo específico. Como lo ilustra la siguiente figura.

Para orientación de los distintos grupos e individuos que tomarán parte en el porgrama, es recomendable preparar y distribuir un programa completo y un calendario de actividades. Esto debe hacerse al finalizar el proceso de planeación.

C. Reglas para la fijación de objetivos

Primera regla: Establézcanse objetivos alcanzables

Como resultado de una cuidadosa apreciación, como se enfatizó en el capítulo anterior, el líder estará bien informado de las necesidades, aspiraciones y capacidades de la iglesia. Esto lo capacitará para hacer planes dentro del marco de las posibilidades y facultades de su grupo y no cometer el error de iniciar algo que no se pueda terminar. La mayor frustración de un grupo es no poder llegar a la meta señalada, por la ineptitud de su líder en materia de planeación.

Segunda regla: Téngase siempre un modelo o patrón supremo

Cierto escritor dice que todo pastor tiene dos iglesias a la vez: la que está pastoreando y la que desea pastorear. La primera existe en realidad; lo otra sólo existe en su mente, pero está siempre motivándolo a progresar y llegar a realizar sus ideales. Cuando no tenemos un patrón ideal, no avanzamos nada. Hay dos maneras de establecer el modelo perfecto: (1) Viendo retrospectivamente a la Iglesia primitiva del libro de los Hechos. (2) Considerando el presente con todas sus exigencias y transformaciones, que demandan una nueva perspectiva del actual papel que la Iglesia debe desempeñar en el mundo. Ambos factores son básicos para la planeación.

Tercera regla: Apliquense al objetivo las preguntas: ¿Qué? ¿Por qué? ¿Cómo? ¿Quién? ¿Cuándo? ¿Dónde?[4]

La aplicación de estas seis preguntas servirá para comprobar la importancia y la viabilidad del proyecto que se está gestando. Las respuestas a este interrogatorio deben buscarse a la luz de una eficiente comunicación y concordia en la congregación.

1. ¿QUE es lo que realmente se quiere hacer? Esta pregunta fija el alcance del objetivo y los límites de la acción.

2. ¿POR QUE pretendemos alcanzar este objetivo? ¿No hay otro mejor? ¿Está de acuerdo la mayoría en luchar por obtenerlo? ¿Para qué nos servirán los resultados de esta actividad?

3. ¿COMO pretendemos alcanzarlo? ¿Individual o colectivamente? ¿A largo o corto plazo? ¿Qué medios utilizaremos para llegar a la meta?

4. ¿QUIEN o quiénes se encargarán del trabajo a nivel administrativo, técnico y manual?

5. ¿CUANDO se iniciará y cuándo se terminará cada acción? ¿Es este objetivo urgente o postergable? He aquí la importancia de que. se tengan en cuenta las prioridades al establecer el programa.

6. ¿DONDE? Es decir, ¿cuál será el campo de acción? ¿Cuáles serán sus límites? Geográfica y administrativamente hablando, ¿dónde se verificará la labor?

D. Determinación del curso de actividades

En cierto modo esto responde a la pregunta: ¿Qué se hará? Esto es, programar las actividades, tomando en cuenta el orden en que han de ocurrir: fecha y duración, pasos a tomarse, personas y cosas que participarán en cada acción, etc. También deben preverse posibles cambios y alteraciones que pudieran surgir en un momento dado, para evitar sorpresas y disponer de posibles salidas y soluciones en caso de necesitarlas. Consideramos muy razonable señalar algunas reglas y principios para la planeación de programas, presupuestos y procedimientos.

Características esenciales en la planeación del curso de actividades

Fayol señaló la importancia de la planeación diciendo que ''la preparación del programa de acción es una de las operaciones más importantes y más difíciles de toda empresa''. Hablando del verdadero valor de un buen programa dijo: "Sabido es que la ausencia de programa va acompañada de titubeos, de falsas maniobras, de cambios intempestivos. . . por lo tanto, el programa de acción es indispensable."[5] He aquí algunas características sugeridas por Fayol:[6]

1. Unidad del programa. Se entiende que el programa puede dividirse en varias partes, que bien podrían llamarse "programas específicos, o particulares." pero debe haber solamente un programa general. Dos programas diferentes provocarían dualidad, confusión y desorden. Para lograr esa unidad de programa debe antes conseguirse la unidad de aspiraciones y opiniones en el grupo. Esa unificación es un tarea que demanda grandes habilidades administrativas en el líder.

2. Continuidad en la acción directiva del programa. Debe haber una sucesión ininterrumpida de acciones, ya que los intervalos prolongados tienden a desorientar y desinteresar al personal. La acción continua mantiene el engranaje de la agrupación siempre listo y motivado a seguir.

3. Flexibilidad para plegarse a las modificaciones que se juzgue conveniente introducir en el programa. Reyes Ponce sugiere:

> Todo plan preciso debe prever, en lo posible, los varios supuestos o cambios que puedan ocurrir: (a) ya sea fijando máximos y mínimos, con una tendencia central entre ellos, como lo más normal; (b) ya proveyendo de antemano caminos de substitución, para las circunstancias especiales que se presenten; (c) ya estableciendo sistemas para su rápida revisión y corrección.[7]

Hay líderes que por orgullo personal o por terquedad no están dispuestos a ceder y reconsiderar, cuando se hace necesario un cambio estratégico. A veces, por hacer respetar nuestros planes, perdemos oportunidades. Recuérdese que los puntos sobresalientes en el programa sólo son medios para llegar a un fin; si alguno de ellos tuviera que ser alterado, sólo bastará percatarse de que no se pierda el objetivo final.

4. Precisión y exactitud. La flexibilidad recomendada arriba no significa vaguedad o ambigüedad. El programa de actividades debe ser exacto y preciso, a fin de que cada uno sepa con

seguridad cuándo, dónde y cómo actuar: en una palabra, qué debe y qué no debe hacer. Los datos inseguros entorpecen la labor de los participantes. Los programas de la iglesia debieran ser tan exactos como los programas especiales. La precisión y exactitud de parte de la dirección crea un espíritu de responsabilidad y confianza en los que están interesados en cooperar.

Si decimos que debe haber flexibilidad es porque posiblemente llegue un momento en el trabajo en que sea necesario pensar más ampliamente y buscar soluciones prácticas al surgir problemas inesperados. Las mayores habilidades administrativas las demuestra un líder, no en la belleza de lo normalmente esperado, sino en la dureza de las dificultades inusitadas y sorpresivas.

Los programas también deben clasificarse: Pueden ser generales y particulares, ya sea que se proyecten para toda la colectividad o para ciertos individuos. Pueden ser también a largo plazo. Pero es muy importante cuidarse de no confundir los progrmas a corto plazo con los particulares; porque bien puede haber un programa corto para toda la iglesia o asociación, o uno a largo plazo para cierto grupo o individuo.

Además debe hacerse una clara distinción entre objetivos y programas: Un objetivo es la meta que se quiere alcanzar y el programa es la trayectoria y secuencia de actividades que se debe seguir para alcanzar dicha meta.

E. Legislación o plan de normas y reglamentos

No nos referimos aquí a las normas generales de la iglesia, porque éstas ya han sido fijadas y deberán ser respetadas como marco de operación. Las normas y reglamentos recomendados aquí se referirán a la marcha ordenada y sistemática del proyecto o proyectos sobre los cuales opera la administración, ya sea local o regionalmente.

1. Constituciones. Una constitución es un sistema de reglas y principios, emanados de la asamblea general de miembros y oficiales de una entidad. En la constitución deben registrarse: (1) El nombre de la asociación; (2) Los objetivos de dicha asociación; (3) Los oficiales, su elección, deberes, privilegios y relaciones con los demás; (4) Membresía; (5) Estipulación de normas y reglamentos; etc.

2. Estatutos. Estos son semejantes a una constitución, pero

con mayor énfasis en las regulaciones que guiarán al grupo mientras duren las actividades del programa.

3. Manuales y boletines. Estos son los órganos de instrucción e información. Deben ser planeados, estudiados, aprobados, impresos y explicados. Toda información escrita es más estable y se presta menos a la confusión. Use claridad, nitidez y buen sentido, para dar una buena impresión al pueblo.

F. Planeación de presupuestos y riesgos

Un presupuesto es una tabla apreciativa de ingresos y egresos que sirve para controlar lo que se tiene y lo que se espera tener en comparación con lo que se espera invertir. Hay dos clases de presupuestos: (1) financieros, los que conllevan una estimación monetaria de sus elementos, como caja, banco, contribuciones, bonos, etc. (2) No financieros, como mano de obra, donativos no monetarios, víveres, etc.

La adopción de un sistema de presupuesto anual y mensual, salvaría a muchas iglesias locales que están hoy en calamidad económica. La gente no contribuye porque los líderes no saben cuánto van a gastar ni recuerdan cuánto han gastado. Esa atmósfera de incertidumbre en lo referente a los fondos, genera desconfianza y mezquindad. El presupuesto predice los gastos y el informe financiero los registra.

Usese la técnica del vendedor para lograr que el presupuesto sea aprobado

Muchas veces, la gente o los patrocinadores rechazan un presupuesto, porque no se sabe presentar en la sesión de negocios. Primeramente se deben señalar las necesidades por las cuales se está recomendando tal o cual proyecto. Hágase con verdadera sinceridad, para no dar la impresión de una mera propaganda. Luego deben destacarse las ventajas que se obtendrán al ser realizado ese programa. Esto se puede hacer reuniendo datos e informaciones sobre otros grupos que lo han logrado. Finalmente, explique cuán fácil y económico será el plan. Eso animará a todos y les hará notar la sensatez del líder al tomar en consideración los bolsillos y todos los recursos de su gente.

El entusiasmo bien fundado se contagia y motiva a la acción.

Muchos han cosechado fruto abundante de ese método: como Moisés (Exodo 35:20; 36:7) que "impidió al pueblo ofrecer más; pues tenían material abundante para hacer toda la obra, y sobraba".

Cuando un pastor tiene que pedir a sus miembros que dejen de traer ofrendas porque ya se ha cubierto el presupuesto, se entiende que esa es una iglesia bien administrada.

El autor de la presente obra tuvo la oportunidad de realizar cierta actividad, asociado en cierto modo, con el ministerio de la Iglesia de Dios en Opa-Locka, Florida, E. U., donde se dio un pequeño ejemplo de lo que puede hacer una iglesia con la debida motivación. En el informe financero, el pastor hizo saber que había una deuda sobre las propiedades, que impostergablemente se debía pagar en determinada fecha. La deuda ascendía a varios miles de dólares. La iglesia empezó a moverse: cada uno, según sus capacidades, se empeñó en hacer su parte. No habían transcurrido dos semanas cuando el pastor anunció que la suma de lo recaudado sobrepasaba a lo que se debía y que ya no se diera más para ese proyecto. También en América Latina se dan casos como éste. Cada iglesia en su categoría y de acuerdo con sus capacidades puede hacer hasta lo imposible, siempre que se cuente con un liderazgo dinámico y confiable. Pero debemos estar conscientes de que el orden y la buena planeación son prerrequisitos de la confianza. De ahí nuestro énfasis en planear un buen presupuesto, lograr el apoyo y cooperación para el mismo y seguirlo fielmente, hasta donde sea posible.

Ejercicios y aplicación

1. Describa las diferencias entre apreciación y planeación.
2. Explique las diferencias entre el líder autoritario y el democrático.
3. ¿Cómo debe realizarse el proceso de planeación?
4. Describa a grandes rasgos la vida de algún personaje cuya visión le ha conducido al éxito.
5. ¿De qué vocablo viene la palabra "objetivo" y qué significa?
6. ¿Cómo describe Terry los objetivos?
7. ¿Qué dice Bower acerca de la fijación de objetivos?
8. Clasifique los objetivos, por su naturaleza.
9. Clasifíquelos por su duración.

10. Clasifíquelos por su alcance.
11. ¿Cree usted que las dos primeras reglas para la fijación de objetivos son correctas? ¿Por qué?
12. Comente cada pregunta de la tercera regla.
13. ¿Qué otras reglas propone usted?
14. ¿Por qué no debe haber más que un programa?
15. ¿Qué dice usted de la flexibilidad del programa?
16. ¿En qué consiste una constitución?
17. ¿De cuántas clases de presupuestos puede hablar usted?
18. ¿Qué cree usted que provocó el éxito de Exodo 35:20; 36:7?
19. ¿Qué sugerencias da para que los presupuestos de las iglesias sean aceptados y apoyados?
20. Establezca los objetivos de su iglesia para los próximos cinco años; haga un programa de actividades para el mismo período y un presupuesto para un año.

---

[1] Doctor Edgar Nesman, *Superación comunal*, (Costa Rica: Alfalit Ltda., 1972), p. 24.
[2] George R. Terry, *Principios de Administración* (México: Compañía Editorial Continental, 1974), p. 42.
[3] Robert K. Bower, *Op. Cit.*, p. 51.
[4] Agustín R. Ponce, *Op. Cit.*, p. 114.
[5] Henry Fayol, *Op. Cit.*, p. 186.
[6] *Ibíd.* p. 187.
[7] Agustín Reyes Ponce, *Op. Cit.*, p. 167.

LA PREPARACION MATERIAL Y PERSONAL
(Tercera etapa administrativa)

7

A. Diferencias entre planeación y preparación

Aparentemente estas actividades son iguales y quizá haya alguien que sugiera la combinación de ambas; pero analizadas con un criterio más administrativo, manifiestan propiedades tan distintas que se juzga muy sabio separarlas.

1. La planeación es teórica; la preparación conduce a la práctica. La teoría de la planeación consiste en fijar los objetivos, establecer normas y elaborar programas y presupuestos. En cambio, la preparación se ocupa de lo práctico, como la recaudación de fondos, la adquisición de materiales, la integración del personal y la correspondiente capacitación del mismo.

2. La planeación consiste en sesiones y consultas; la preparación se realiza a base de búsqueda, motivación y entrenamiento.

3. La planeación consigue el consentimiento y el apoyo moral oficial; la preparación reclama el aporte real en el aspecto económico, físico y espiritual de todo el grupo.

B. La necesidad de la preparación

Lo que más se descuida es la preparación del personal

Casi no es necesario argumentar sobre la necesidad de prepararse con dinero y cosas, pues todo el mundo lo sabe y lo hace. Lo que debemos enfatizar insistentemente, es la necesidad de la preparación del personal, que consiste en el reclutamiento o integración y la capacitación sobre el plan de actividades.

Algunos descansan en la creencia de que "el trabajo enseña" y, aunque no dudamos de la importancia de la práctica en el campo de acción, hacemos ver que la mayoría de los fracasos técnicos han obedecido a la poca instrucción dada a la gente. A veces se piensa que si una persona es eficiente en una cosa la será en todas; pero ese método de inducción ha resultado falso, especialmente en la integración de líderes de alto nivel. Es cierto que el que ha estado funcionando bien en un nivel puede llegar a ser excelente en cualquier nivel, pero eso demanda una intensa preparación. Cuando no se da esa preparación al líder, éste llega a su campo asignado y adapta todas las funciones a su capacidad, en lugar de adaptarse él a las funciones del campo, provocando así un descenso de calidad.

El problema de los que sólo conocen la teoría

La experiencia ha demostrado que algunos institutos sólo pueden orientar al personal desde un punto de vista teórico y en cierto modo, irreal. La práctica es necesaria para la aplicación y perfeccionamiento de la educación. Hace mal el líder que se limita a dar un entrenamiento teórico y otorgar un diploma al individuo y pensar que ya se puede garantizar su efectividad. Como buen líder deberá seguir proveyendo al individuo las mejores condiciones para un mejor trabajo. Por eso la educación por extensión es tan efectiva, porque guía e instruye a la persona mientras ésta trabaja.

C. La integración de los elementos personales y los materiales

El puente de unión entre lo teórico y lo práctico; entre planeación y organización, es la integración. La integración es el proceso de reunir los elementos necesarios para la actividad. Hay elementos personales, es decir, las personas que cooperarán en la actividad directa o indirectamente en el nivel administrativo, técnico o manual. A esto nos referiremos más adelante.

También la integración de cosas es parte de la preparación. La adquisición de los materiales, atendiendo a su verdadera utilidad; la calidad y precio de los objetos es de suma importancia aquí. Esto debe hacerse en consulta con los oficiales y de acuerdo con el presupuesto. El comité de compras y el de finanzas se mantendrán en contacto para efectuar compras y adquirir los distintos materiales que se usarán. La adquisición de materiales por compra o donación sólo tiene que ver con la economía. Pero en la integración de personas hay una serie de funciones que merecen especial atención. La integración del personal consta de tres partes: selección, capacitación y colocación; aunque esta última la veremos con más detalles bajo el capítulo que estudia la organización.

La técnica de reclutar y seleccionar requiere un excelente dinamismo administrativo

Como se indicó al principio de este capítulo, el primer paso para la organización es descubrir y delinear trabajos, para luego ver quiénes los podrán desempeñar. Buscar la persona adecuada para cada trabajo es una especialidad de gran valor.

"Descubrir talentos" es una frase bastante conocida y se ha convertido en lema de muchos líderes; pero muchas veces no pasa de ser un mero lema. En no pocas ocasiones, los buenos talentos, como las buenas perlas, yacen en las profundidades del mar de la vida y su descubrimiento demanda habilidades especiales. Mencionemos algunas:

1. Criterio definido. Los expertos en el manejo de personal dicen que "debe procurarse adaptar los hombres a las funciones y no las funciones a los hombres; así como se adapta la llave a la cerradura y no la cerradura a la llave".[1] Este principio es excelente porque, si se adaptan las funciones a los hombres, pronto se tendrán hombres peores y funciones peores. Cristo manifestó un criterio bien definido cuando seleccionó a sus discípulos, como se puede ver en estas palabras: "Llamó a sí a los que él quiso; y vinieron a él. Y estableció a doce, para que estuviesen con él" (Marcos 3:13, 14). En Antioquía, el Espíritu Santo seleccionó a Bernabé y Pablo para el primer viaje misionero. No es cuestión de sólo llenar las casillas del diagrama; es asunto de buscar lo mejor.

Atraer multitudes es un acto inicial en el liderazgo cristiano; seleccionar el equipo que ha de servir a esas multitudes es un acto refinado y de supremo valor en la administración eclesiástica.

2. Conocimiento claro de los puestos y las personas. Un líder es capaz de seleccionar cuando conoce a fondo los detalles de cada puesto y las habilidades de cada persona. En vista de que ésta es una tarea tan especial y delicada, se recomienda no hacerla arbitrariamente, sino en consulta con un comité nombrado a propósito. Debe tomarse en cuenta que todos los

miembros son aptos para alguna cosa y que lo mejor que se puede hacer es tener ocupadas al mayor número posible de personas. Esa participación proporciona cierto grado de identificación y motivación al grupo. Una persona se interesa más y coopera mucho mejor cuando está participando activiamente en la consecución de los objetivos de su grupo.

Muchos miembros permanecen inactivos e indiferentes porque jamás se les ha dado la oportunidad de hacer algo y piensan del grupo como algo ajeno. Descubrir talentos, como lo dijimos anteriormente, es cuestión de:

a) Apreciación, porque hay que saber apreciar y evaluar a los demás;

b) Fe y optimismo, pues aun en aquellas personas que no significan tanto, hay virtudes que explotar y cultivar;

c) Confianza. Un líder desconfiado no cree en las capacidades de nadie, fuera de él. Alguien tuvo fe en nosotros y, por eso, llegamos a ser algo en la vida. Millares de los que viven hoy en el anonimato, el menosprecio y aun bajo la opresión, llegarían a ser grandes talentos, si tan sólo se les diera una oportunidad. La experiencia lo ha confirmado.

3. Consideración de las distintas esferas en las que gravita la vida total del ser humano. a) La esfera espiritual. Es decir, la selección la haremos según el énfasis espiritual de cada actividad. Si se trata de una actividad de carácter religioso, en la que intervengan factores de importancia espiritual, la selección se deberá realizar entre personas que reunan ciertas cualidades determinativas, como la salvación, su posición doctrinal y su nivel moral o ético. b) La esfera psicológica: los temperamentos, el grado de adaptación, capacidad para enfrentar y resolver problemas, nivel de ajuste o desajuste psicológico y sus características personales sobresalientes. c) La esfera intelectual, que tiene tanta importancia, según el puesto para el cual la persona es seleccionada. d) La esfera socio-cultural, que también ayuda calificar a cada persona, especialmente si se le va a ocupar en una posición de muchas relaciones personales.

La capacitación del personal determina en grado superlativo el éxito en la organización

No se puede exigir que una persona haga lo que no se le ha enseñado a hacer. La integración no consiste únicamente en seleccionar el personal, sino mayormente en impartir la debida capacitación. No es necesario importar elemento humano para que el proyecto sea exitoso; mucho menos tomarlo prestado de otras denominaciones. Se ha comprobado que, exceptuando aquellos casos de verdadero llamamiento misionero, un individuo estará más satisfecho si sirve a su propia comunidad, que si va a otras comunidades.

Esa es la razón por la cual toda iglesia responsable está estableciendo escuelas y seminarios en cada zona de su campo de acción. Precisamente porque todo aquél que, llenando los requisitos básicos, recibe la capacitación correspondiente, llega a ser apto para cualquier misión que se le asigne. La capacitación del personal, aunque parezca cara y difícil, a la larga produce maravillosos resultados:

1. La capacitación genera obediencia racional. Educamos para que nos obedezcan, pero esa obediencia no debe ser ciega. El niño obedece ciegamente hasta que despierta y reacciona. En la literatura árabe se halla la leyenda del maestro oriental que exigía a sus alumnos que siempre que él estornudara, se inclinaran a tierra y dijeran en coro: "Bendición, bendición." Si alguna vez fallaban en acatar esta instrucción, los alumnos eran castigados severamente. Cierto día en que el maestro debía bajar a un pozo para proveerse de agua, los alumnos sostenían la cuerda por la que él descendía. Cuando iba a media profundidad, le vino un fuerte estornudo. El grupo, guiado por una obediencia ciega, soltando la soga, se inclinó a tierra y en coro exclamó: "Bendición, bendición". El maestro cayó al fondo del pozo y nunca más volvió a enseñar, porque quedó totalmente inválido después de aquella caída mortal.[2]

2. La capacitación produce en los participantes cierto grado de autonomía equilibrada. Una educación inteligente desarrolla las capacidades del alumno para tomar decisiones. La obediencia y la capacidad de seguir instrucciones son características de incomparable valor de parte de cada individuo hacia la organización; pero lo más importante es que éste sepa por qué y cómo ha de obedecer.

Cabe repetir aquí el refrán: "El hacer las cosas bien, importa más que el hacerlas". Esto sólo se hace realidad cuando se han dado buenas instrucciones: una persona instruida es una persona autónoma, pero no para hacer lo que quiera, sino para querer hacer lo que debe.

Deben usarse los métodos más prácticos para la capacitación

Los métodos a utilizar para el adiestramiento del personal variarán de acuerdo con los objetivos que el grupo se propone alcanzar. La duración del proyecto también es factor determinante en la planificación del adiestramiento.

No se puede comparar ni en calidad ni en cantidad la capacitación que se administraría al personal para realizar un trabajo corto y sencillo, con la que se daría para un actividad de grandes proporciones. Por ejemplo, promover un día recreativo para la juventud no es tan extenso y complejo como conducir un campamento juvenil de una o dos semanas. Organizar un seminario de fin de semana para las familias de la iglesia no es tan difícil como la preparación del "mes de adiestramiento familiar". Un avivamiento de fin de semana difiere en mucho de una campaña de un mes.

1. Adminístrense cursillos de capacitación. Un cursillo es una serie de lecciones preparadas a propósito sobre la actividad que se va a realizar. Esas lecciones se pueden reproducir a mimeógrafo y formar un folleto como base para cada clase, con distintos maestros. Las clases se pueden impartir por las noches, los sábados, o según acuerden unánimemente los participantes.

2. Condúzcanse convenciones de capacitación. Si el proyecto incluye a más de una iglesia o sociedad: por ejemplo, un plan de distrito de una región, sería muy interesante conducir una convención de fin de semana o aprovechar un período feriado en el cual líderes y miembros de distintas localidades pudieran asistir.

Los materiales didácticos y los instructores deberán ser programados por los oficiales generales, quienes promoverán en cada grupo el financiamiento y todas las provisiones para los efectos. Debe elaborarse un programa variado y de interés general, que tenga un contenido práctico y adecuado a la actividad que se planea y para la cual se está capacitando al personal.

Un supervisor, por ejemplo, lograría más resultados si cada actividad territorial se planeara en todos los aspectos: preparar un buen programa de verdadero entrenamiento y convocar a todos los líderes locales a una convención. Para esto, irremisiblemente se deben tener objetivos claros y definidos y programar el trabajo territorial por etapas. Si no hay nuevos objetivos ni nuevos planes que presentar a los líderes, los retiros y las sesiones de negocios se convierten en actividades aburridas y rutinarias, a las que se asiste por obligación solamente y en algunos de ellos se ve un ánimo de antagonismo e indiferencia, concluyendo todo con la ausencia total de resultados. La colocación, que es el tercer paso a la integración, la discutiremos más adelante. Sólo diremos aquí, que si se capacita a alguien y no se utiliza, ese elemento capacitado se perderá, como lo dice el refrán: "Usame o piérdeme."

En la capacitación deben intervenir tanto la dinámica espiritual como la administrativa

Ninguna capacitación está completa sin la intervención del Espíritu Santo. Cada uno de los grandes proyectos misioneros, educativos, humanitarios y organizacionales de la iglesia ha sido motivado y dirigido por el Espíritu Santo. Así ocurrió en los Hechos de los Apóstoles y así ha ocurrido a través de la historia de la Iglesia.

Es evidente que la Iglesia está careciendo de un verdadero dinamismo espiritual equilibrado de parte de los líderes, especialmente en ciertas regiones de América Latina. La decadencia espiritual, si Dios no interviene, seguirá minando el avance general de la Iglesia. Toda capacitación es mecánica, monótona y deficiente cuando no está motivada por el genuino dinamismo del Espíritu de Dios.

Por otro lado, está el peligro de un desequilibrio de parte del líder. El estribar o confiarse del todo en un mero entusiasmo "seudocarismático", sin la debida orientación y el refinamiento de las técnicas comunicativas, y de las relaciones humanas en la Iglesia, puede apagar el verdadero avivamiento y provocar un fracaso de tipo administrativo.

Ejercicios y aplicación

1. Señale cuatro aspectos en que se diferencia la preparación de la planeación.

2. ¿Qué parte de la preparación es la más descuidada en la iglesia suya?

3. Discuta por qué el que es eficiente en un nivel lo será en todos.

4. Comente y sugiera algo sobre "descubrir y desarrollar talentos."

5. ¿Qué criterio usó Cristo al seleccionar a los apóstoles?

6. Mencione las esferas que se deben considerar al seleccionar el personal.

7. Comente la "obediencia racional".

8. ¿Qué es la "autonomía equilibrada"?

9. Haga planes para desarrollar un cursillo de capacitación de cuatro semanas, para preparar maestros de educación cristiana.

10. ¿Qué tipo de convenciones se están celebrando en su territorio? ¿Con qué fin?

11. Describa la dinámica de capacitación de los líderes de la Iglesia primitiva.

---

[1] A. Reyes Ponce, *Op. Cit.*, p.
[2] *Las Mil y Una Noches*, "El maestro lisiado".

A. Significado y valor de la organización

La palabra "organización" proviene de la palabra griega compuesta *syntaxis: syn,* con y *taxis,* orden. En Colosenses 2:5 se usa la palabra *taxis* para orden y en 1 Corintios 11:34, Pablo usa el verbo *diatáxomai* para significar "poner en orden". Recuérdese que *sintaxis* es la palabra que se usa para designar la parte de la gramática que trata sobre la estructura y el orden de las oraciones gramaticales. Literalmente hablando, organizar es arreglar y disponer el lugar de cada órgano en un cuerpo vivo.

En términos administrativos, la organización es la estructura técnica para la integración y preparación de los elementos; distribución de autoridad y responsabilidades; fijación de la zona de acción de cada uno y estipulación de las relaciones jerárquicas.

Prácticamente, concebimos la organización como el proceso de "descubrir trabajos, ver quiénes harán tales trabajos y señalar las interrelaciones". Sólo puede haber organización donde hay (1) un objetivo que perseguir, (2) voluntad para alcanzar dicho objetivo y (3) dirección y orientación para hacerlo todo".[1]

B. Filosofía de la estructura jerárquica en la Iglesia

Los grupos llamados "libres" e "independientes"
degeneran en desorden y desintegración

Algunos, como se explicó en el segundo capítulo de esta obra, tratan de buscar apoyo para el desorden y la anarquía en un aparente énfasis bíblico sobre la igualdad y la hermandad cristianas. Por ejemplo. tomarán el incidente registrado Marcos 9:33-37, en donde se describe la disputa de los discípulos sobre "quién sería el mayor. . ." o la lección sobre el servicio, en Lucas 22:24-30. Pero nótese que en el verso 29 dice: "Os asigno un reino". Un reino presupone monarquía y orden, lo opuesto a anarquía.

Se puede asegurar que no existe un solo grupo libre: pues aunque se niegue a establecer o aceptar una organización formal, existe lo que conocemos como *organización informal*. Es decir, nunca quien, por su edad, carácter, situación económica, etc. quiera dominar a los demás. Así es como, declarándose "independientes" de aquel engranaje al cual ya no querían tributar honra y respeto, vienen a someterse a otras voluntades, que de un modo u otro, los esclavizan.

Tal es la situación de algunos países subdesarrollados, que queriendo huir de un "imperialismo" caen en las garras de otro. Esopo, educador griego del siglo VI a.C., ilustra el desencanto de la rebelión de dos maneras. En la fábula de "las ranas y la cigüeña" imagina a un pueblo que, queriendo deshacerse de un mal rey, le pide a Zeus uno nuevo. El dios se disgusta y le manda una cigüeña para que lo gobierne. Esta, por su naturaleza voraz y despiadada, acaba con las ranas, de una en una. La otra fábula habla de un anciano que hacía correr a su caballo para no permitir que se lo robaran unos ladrones que lo seguían. El caballo se negó a seguir corriendo, con el argumento de que ser de uno u otro amo, no cambiaría su triste condición.

En la vida diaria y en el mundo que nos rodea observamos orden y armonía de toda clase. Por ejemplo, en nuestro cuerpo se operan procesos y fenómenos maravillosamente ordenados, como la respiración, la digestión, los movimientos, los sentidos, el cerebro, etc. En el universo también se observan leyes y sistemas establecidos de una manera coordinada y fija que nos advierte con toda claridad el genio creador y organizador del que lo hizo todo.

Todo cuerpo, físico o social, en el cual las leyes naturales no funcionen, termina en ruina y autodestrucción. Los grupos religiosos en los que reinan el desorden y la confusión, donde nadie sabe qué hacer ni a quién obedecer, no pueden esperar crecimiento y progreso, porque no están preparados para ello. Normalmente, una división produce otra, hasta la desintegración total.

Debe establecerse una estructura "jerárquica" bien equilibrada

Estructura es el arreglo o disposición de las diversas partes de un todo. Un edificio no puede ser más fuerte que su estructura; así, una iglesia no puede ser mejor que su organización y que su personal administrativo. Establecer una estructura jerárquica es determinar quién es quién en el movimiento.

Una jerarquía es un sistema de altos y bajos niveles. La palabra griega *hierarjía* significa orden, gradación, escala ascendente o descendente. En la Biblia hallamos órdenes jerárquicas: (1) En el cielo, Daniel 10:13; Colosenses 1:16; 1 Pedro 3:22. (2) En el Templo del Antiguo Testamento, 2 Crónicas 31:2-21. (3) En la iglesia, tanto en funciones espirituales como humanas. Nótense los siguientes pasajes:

> Vosotros, pues, sois el cuerpo de Cristo, y miembros cada uno en particular. Y a unos puso Dios en la iglesia, primeramente apóstoles, luego profetas, lo tercero maestros, después los que sanan, los que ayudan, los que administran, los que tienen don de lenguas. . . (1 Corintios 12:27, 28).

> Pero a cada uno de vosotros fue dada la gracia conforme a la medida del don de Cristo. Por lo cual dice: Subiendo a lo alto, llevó cautiva la cautividad, y dio dones a los hombres. Y él mismo constituyó a unos, apóstoles; a otros, profetas; a otros, evangelistas; a otros, pastores y maestros, a fin de perfeccionar a los santos para la obra del ministerio, para la edificación del cuerpo de Cristo. (Efesios 4:7, 8, 11, 12).

> Obedeced a vuestros pastores, y sujetaos a ellos; porque ellos velan por vuestras almas como quienes han de dar cuenta; para que lo hagan con alegría, y no quejándose, porque esto no es provechoso. (Hebreos 13:17).

¿No se percibe en estos pasajes la designación de rangos y jerarquías dentro de la iglesia? Como ya hicimos constar, se pueden distinguir los oficiales extraordinarios de los ordinarios en la Iglesia primitiva. No sólo se ve esta estructura jerárquica en el sentido congregacional, el caso de un juicio a nivel local (1 Corintios 5:4), sino también se ve la autoridad o supervisión que el apóstol Pablo ejercía sobre todas las iglesias (Tito 1:5).

La estructura organizativa se puede ilustrar por medio de organigramas y manuales

Siguiendo la idea china de que, "una figura dice más que mil palabras", muchos cuerpos organizados utilizan una variedad de organigramas para ilustrar, en forma gráfica y de conjunto, todo el sistema estructural del movimiento. Estas son cartas lineales o esquemas que muestran las principales funciones y sus relaciones en el tejido operacional del conglomerado, señalando además los canales de autoridad formal y la relativa. La formal se designa con líneas verticales y la relativa con líneas horizontales.

G. Terry dice que "los organigramas se pueden dividir convencionalmente en: (1) *Organigramas maestros*, que muestran toda la estructura de la organización formal; y (2) *Organigramas complementarios*, que describen con más detalles, un aspecto o departamento de la organización.[2] Además, se recomienda el uso de organigramas de diferentes formas, dependiendo de las necesidades de comunicación. Por ejemplo, están los diseñados de arriba hacia abajo; los de izquierda a derecha; y los circulares.

A continuación presentamos algunos ejemplos de organigramas. Advertimos que no se espera que un mismo diagrama sirva para toda organización; cada grupo, después de la debida planeación de objetivos y procedimientos, debe elaborar su propia carta organizacional en consulta con el gobierno general y territorial.

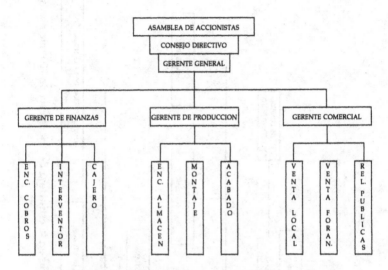

ORGANIGRAMA No. 1 de una empresa industrial. Nótese que hacia abajo denota autoridad y hacia arriba responsabilidad. Las personas y organismos que están en el mismo nivel están en relación de igualdad.

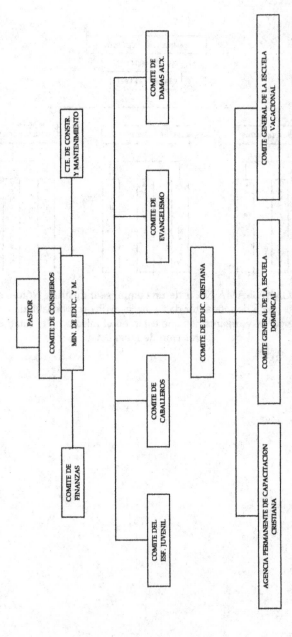

ORGANIGRAMA No.2 que describe los seis niveles más altos en la estructura de una iglesia de 100 miembros

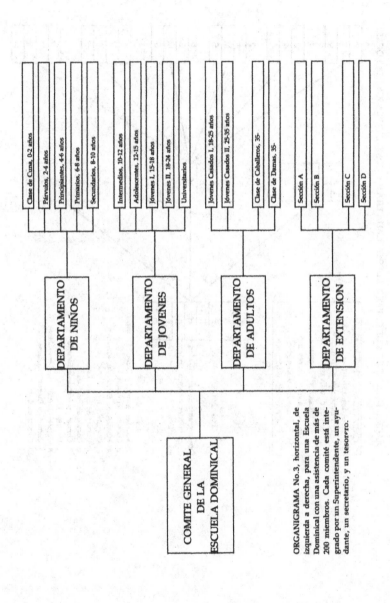

COMITE GENERAL DE LA ESCUELA DOMINICAL

DEPARTAMENTO DE NIÑOS
- Clase de Cuna, 0-2 años
- Párvulos, 2-4 años
- Principiantes, 4-6 años
- Primarios, 6-8 años
- Secundarios, 8-10 años

DEPARTAMENTO DE JOVENES
- Intermedios, 10-12 años
- Adolescentes, 12-15 años
- Jóvenes I, 15-18 años
- Jóvenes II, 18-24 años
- Universitarios

DEPARTAMENTO DE ADULTOS
- Jóvenes Casados I, 18-25 años
- Jóvenes Casados II, 25-35 años
- Clase de Caballeros, 35-
- Clase de Damas, 35-

DEPARTAMENTO DE EXTENSION
- Sección A
- Sección B
- Sección C
- Sección D

ORGANIGRAMA No.3, horizontal, de izquierda a derecha, para una Escuela Dominical con una asistencia de más de 200 miembros. Cada comité está integrado por un Superintendente, un ayudante, un secretario, y un tesorrro.

"DIAGRAMA NUMERO 4 DE CAPACIDADES DE CADA LIDER Y COMITE EN LA IGLESIA LOCAL"

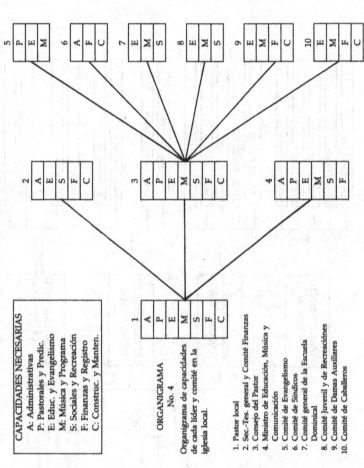

CAPACIDADES NECESARIAS

A: Administrativas
P: Pastorales y Predic.
E: Educ. y Evangelismo
M: Música y Programa
S: Sociales y Recreación
F: Finanzas y Registro
C: Construc. y Manten.

ORGANIGRAMA
No. 4

Organigrama de capacidades
de cada lider y comité en la
iglesia local.

1. Pastor local
2. Sec.-Tes. general y Comité Finanzas
3. Consejo del Pastor
4. Ministro de Educación, Música y
   Comunicación
5. Comité de Evangelismo
6. Comité de Síndicos
7. Comité general de la Escuela
   Dominical
8. Comité Juvenil y de Recreaciónes
9. Comité de Damas Auxiliares
10. Comité de Caballeros

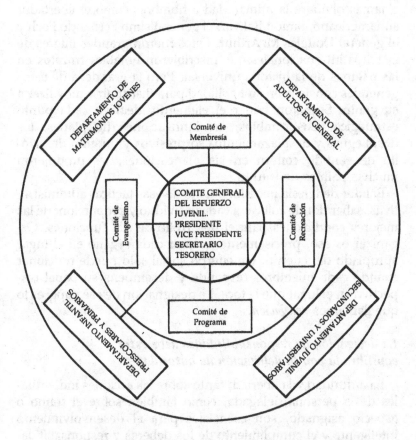

ORGANIGRAMA CIRCULAR No.5, para un Esfuerzo Juvenil, o cualquier otro grupo que se componga de las mismas divisiones que señala este diseño. Está de más decir que el pastor es miembro ex-oficio del comité general de jóvenes. Los departamentos de caballeros y damas también podrían arreglar un organigrama como éste para sus respectivas funciones.

C. Estrategia en la colocación y distribución del personal

La técnica de los grandes estrategas militares

Jamás olvidará la humanidad a hombres como el libertador sudamericano, Simón Bolívar; el generalísimo Fernando Foch y el general Douglas McArthur. Estos fueron grandes líderes de ejércitos internacionales que inscribieron notables triunfos en las páginas de la historia universal. Pero la grandeza de estos generales consistía en su habilidad para distribuir y movilizar a su gente. Supieron poner el elemento ideal en cada punto estratégico. Los cambios, las innovaciones de planes, los despliegues y desplazamientos sorpresivos y un gran desarrollo de sentido común en las planeaciones, les produjeron muchas palmas de triunfo.

El líder de iglesia necesita mucho de esas tácticas administrativas: saber dónde colocar a cada individuo y proporcionarle las mejores condiciones para el desarrollo de sus funciones. Organizar es eso, precisamente: colocar cada órgano en el lugar apropiado del cuerpo. Un cuerpo social sólo puede funcionar cuando cada miembros responde y desempeña su papel respectivo en el lugar que le toca. La designación de ese papel es lo que llamamos *delegación*.

La delegación de responsabilidades debe estar equilibrada con la delegación de autoridad

La autoridad y la libertad, tanto sobre las acciones individuales de la persona delegada, como también sobre el tramo o aspecto asignado, son esenciales para el desenvolvimiento inteligente y el cumplimiento de los deberes y responsabilidades correspondientes. Por ejemplo, una persona se sentirá atada y cohibida si al darle órdenes de realizar cierto trabajo la intimidamos diciéndole: "No le tengo tanta confianza, pero haga este trabajo y yo le iré indicando paso a paso lo que debe hacer."

En este caso, la persona no siente libertad para actuar; máxime si seguimos meticulosamente sus actos y no cesamos de hacer correcciones, críticas y regaños. La psicología social ha comprobado que, cuando un individuo está realizando una tarea difícil y no ha recibido la instrucción necesaria, la presencia de otros lo aturde y le hace más difícil la labor, llevándole al fracaso. Lo contrario ocurre cuando las instrucciones han sido dadas con claridad y el individuo domina la acción. Citamos una proposición de Ladd Wheeler en "Social Facilitation" (Facilitación social).

> Las tareas bien aprendidas serán mejor realizadas en presencia de otros, porque la tendencia común es acertar, en vista de que se domina la materia; en cambio, en las tareas difíciles y mal aprendidas, la tendencia común y más frecuente es a fallar, por lo que la presencia de otros aumentará las fallas.[3]

En otras palabras, el que sabe hacer las cosas bien, las hará mejor ante otros, incluso ante su jefe; pero a aquél que no sabe cómo hacer las cosas, la presencia de otros lo conducirá a actuar de una manera indeseable. Dos cosas aprendemos de esto: Primero, que en todo caso es mejor dotar a la persona de un conocimiento claro de su tarea. Segundo, que si la persona ya sabe hacerlo y si la hemos delegado para realizar alguna tarea, lo mejor será dejarla a cargo y supervisarla sólo en ciertos casos, para que actúe con mayor libertad; a menos que algo extraordinario surja.

La autoridad conferida a una persona debe estar en relación con el grado de sentido común y dominio propio y el nivel de aprovechamiento manifestados por dicha persona durante la capacitacón y en su vida corriente. De otro modo, se puede incurrir en el grave error de delegar autoridad en quien no ha aprendido a usarla. No sólo en los altos niveles de la jerarquía organizacional, sino en las actividades más sencillas, como la limpieza, mantenimiento, etc. Cristo habló en términos administrativos cuando dijo: "El que es fiel en lo muy poco, también en lo más es fiel; y el que en lo muy poco es injusto, también en lo más es injusto" (Lucas 16:10). En el próximo capítulo hablaremos del autoritarismo, que suele ser un peligro a nivel de oficiales.

"Organización formal" y "organización informal"

Se reconoce como organización *formal* la que sigue el orden establecido oficialmente y se sujeta a las normas y disposiciones generales. La *informal* evoluciona clandestinamente, pero si persiste, llega a influir parcial o totalmente en el movimiento.

El profesor Bower llama a esas agrupaciones *kitchen cabinets* (gabinetes de cocina) pues empiezan a veces en alguna cocina, avanzan "entre amigos", "en confianza" y se extiende sigilosamente hasta que llegan a todos, menos al líder principal.

El licenciado Reyes Ponce dice que "este tipo de organización informal facilita o bien dificulta la conducta del individuo". Por lo tanto, el administrador debe ser muy sabio para utilizar o disolver cualquier grupito clandestino, según lo juzgue útil o dañino a todo el conglomerado.

Ejercicios y aplicación

1. Haga un comentario sobre la palabra *syntaxis*.

2. ¿Cuáles tres factores debe haber para que haya organización?

3. Cuéntenos la historia de algún grupo "libre" o "independiente y observe cómo marcha.

4. ¿Existen realmente grupos libres? ¿Por qué?

5. ¿Qué aprende usted de la fábula del anciano y el caballo?

6. ¿Qué es establecer una jerarquía?

7. Dé algunos ejemplos bíblicos de jerarquía.

8. Mencione una base neotestamentaria para la jerarquía congregacional y otra para distrital.

9. Mencione varios organigramas.

10. Prepare una serie de organigramas para su iglesia o cualquier empresa que usted prefiera.

11. De qué dependió el éxito de McArthur, Foch y Bolívar.

12. Explique por qué debe haber un equilibrio equitativo entre responsabilidades y autoridad.

13. Diga algo sobre facilitación social.

14. Explique qué son sentido común y dominio propio.

15. ¿Qué es la organización informal y cómo manejarla?

---

[1] Wilfredo Calderón, *Manual de la escuela vocacional*, (Guatemala: Edición ofset, 1967), p.
[2] George R. Terry, *Op. Cit.*, p. 441.
[3] Ladd Wheeler, *Op. Cit.*, p. 76.

A. ¿En qué consiste la ejecución?

La ejecución es el proceso dinámico de convertir en realidad la acción que ha sido planeada, preparada y organizada, coordinando y supervisando directa e indirectamente cada fase de la misma. Terry dice que "en la práctica, muchos gerentes creen que la ejecución es la verdadera esencia de la administración. La ejecución trata exclusivamente con personas."[1]

Se inicia la ejecución motivando la voluntad y el entusiasmo de los que han de participar

La motivación de la voluntad del ser humano está relacionada con sus impulsos, mediante sus aspiraciones en la vida. De ahí que, para que una persona haga una cosa como es debido, no sólo debe desear, sino también saber por qué hacer tal cosa. Podríamos señalar cinco maneras de motivar a una persona:

1. Hacer notar de antemano los beneficios individuales y colectivos que producirá la actividad. Hay que reconocer que la mayoría de la gente es adquisitiva. Toda persona espera algo por su participación. No siempre se espera dinero como única recompensa; especialmente en la iglesia; nadie espera ganancias monetarias ni materiales, ya que la iglesia es un cuerpo no lucrativo. Pero suponiendo que así fuera y que hubiera ciertos dividendos; éstos deberán ser compartidos equitativamente. Tratándose de salarios, ayudas y concesiones, hágase con mucha sabiduría y sígase un buen plan, involucrando al mayor número de oficiales en cada negocio.

Por otro lado están los beneficios espirituales, sociales y educacionales que constituyen los verdaderos objetivos de la administración cristiana.

2. Familiarizar a cada participante con su papel en la organización. Aunque éstas parezcan atribuciones de la capaci-

tación y la organización, es aquí, en el campo de la práctica, donde deben darse los últimos detalles y ver que cada cosa se realice como se espera. Se supone que es buen mandador el que sabe hacer las cosas bien.

También nos consta que se aprende más del ejemplo que de las teorías. Hará bien el líder que, sin la intención de intimidar a nadie ni de lucir sus cualidades, presenta al que él ha delegado para la realización inteligente del deber.

3. Dar a cada uno la importancia que se merece. John Dewey, uno de los filósofos y educadores más grandes del pensamiento americano, dice que "el deseo de ser importante es el impulso más profundo que anima el carácter humano."[2] Lo mismo decíamos en el capítulo cuatro al citar a Maslow: "La necesidad de estimación modifica la conducta." El arte de estimar, y siempre que sea oportuno, felicitar y elogiar con toda sinceridad, es lo más grande en un gran líder. Cuando estimulamos el ego de una persona, ésta hace lo que puede por comportarse de una manera agradable y beneficiosa hacia aquel que gobierna.

Dar importancia a una persona es confiarle y delegarle responsabilidad y autoridad. Es probable que haya que sufrir algunos disgustos pasajeros al principio, pero luego, la paciencia y sabiduría del administrador se verán recompensadas.

4. Pedir opiniones y considerarlas con la mayor comprensión. A esto llamamos "la técnica de escuchar", y por otra parte, "la administración participativa". No es que uno no sepa qué hacer y que por eso tenga que recurrir a las opiniones de los demás aunque a veces sí se necesita cierta información. Se trata más bien de hacer que el que va a realizar el trabajo participe también en pensar cómo hacerlo y en cierto modo, examinar su modo de pensar.

Cuando usted pide la opinión de alguien, está tomando en cuenta las habilidades y el valor de esa persona. Por su parte, dicha persona hará lo mejor para ayudarle a pensar, y tratándose de un colaborador en la organización se sentirá estimulado, atraído y decidido a hacer lo mejor que pueda. Alguien dijo que "quien no aprende a escuchar, no aprende a hablar".

5. Dar un ejemplo digno. El líder puede motivar a sus colaboradores con su propio ejemplo. Son indeseables los jefes que exigen a otros hacer lo que ellos no hacen. Cristo se refirió a

ellos diciendo que "dicen y no hacen". Porque atan cargas pesadas y difíciles de llevar, y las ponen sobre los hombros de los hombres; pero ellos ni con un dedo quieren moverlas" (Marcos 23:3, 4). Sin rodeos, Cristo acusó de hipócritas a estos maestros y aconsejó que se hiciera como ellos dicen, pero no como hacen.

La historia humana nos habla de que todo hombre grande y virtuoso ha tenido siempre a alguien a quien admirar e imitar. No se desea una imitación ciega y pasiva; se espera que el ejemplo del líder sea analizado consciente y críticamente por el discípulo. Todos los rasgos caracteríticos personales del líder o administrador: su sinceridad, su fe, su capacidad intelectual, su temperamento, su ánimo volitivo, su imaginación; en fin, todo su carácter entrará en juego en el momento de dirigir la acción de su pueblo. Será observado y criticado más de lo que se imagina. Por lo tanto deberá prepararse para ello.

El carácter y la personalidad del que manda afectan la ejecución

Debe tomarse en cuenta que la ejecución es el acto de realizar todo lo que hasta ahí ha sido sólo imaginativo y teórico en el contexto de la acción administrativa. Por tal razón es de esperarse cierta incertidumbre y nerviosismo en aquellos que toman parte en la acción, lo cual demanda comprensión, habilidad de mando y buen carácter de parte del líder.

Hay tres tipos de directores: (a) el que, debido a su desconfianza y a pesar de haber entrenado y examinado al individuo, vigila e interrumpe tanto a éste que le hace imposible desarrollar sus propias habilidades; (b) el que descuida excesivamente a sus subalternos, hasta el fracaso; y (c) el que capacita teórica y prácticamente a sus colaboradores y, aunque ha delegado en ellos autoridad y responsabilidad, observa atentamente para ayudar en lo que sea necesario a la realización de la labor.

B. No hay buena ejecución sin buena autoridad

La autoridad debe imperar en la ejecución de cualquier proyecto; incluso, insistíamos en el capítulo anterior en la implantación de un orden jerárquico y se espera que el tal no sea violado, salvo en casos extremos. Además se debe enfatizar que, para evitar confusión, el obrero o miembro participante debe responder a un solo jefe directamente. Es difícil y desorientador recibir órdenes de más de una persona. Pero en el ejercicio de la autoridad deben considerarse algunos factores.

La autoridad es producto de grandes capacidades

La palabra griega *exousía*, equivalente a nuestro vocablo *autoridad*, tiene como primeros significados: poder y dominio. Sólo se puede ejercer poder o dominio sobre una materia o actividad cuando se posee un conocimiento a fondo de lo que se está haciendo. Mientras más se reconozca o mejor se realice una labor, mayor respeto habrá para el que la ejecuta y para el que manda. Todos respetan al líder seguro, definido y firme. De manera que hace bien el director, jefe o supervisor que se entrega a la perfección de sus responsabilidades.

La autoridad consiste en sentirse libre para hacer lo más conveniente

El otro significado de *exousía* es libertad. La libertad hace madurar a la persona y la conduce al más alto grado de responsabilidad. Obsérvese lo que ocurre en la vida común: cuando una persona se siente libre para tomar decisiones, actuar y expresarse a su manera, todo lo hace con un gran sentido de responsabilidad y honda satisfacción. En el ámbito administrativo de la Iglesia, también el líder debe actuar con tal naturalidad que infunda confianza en sus colaboradores.

La experiencia y la destreza harán que el líder ejerza sus funciones con libertad y confianza, de donde surgirá a la vez una buena medida de autoridad. Hay ciertas cualidades que determinan el grado de capacidad autoritativa del administrador: (a) madurez emocional; (b) dominio propio; (c) estabilidad mental; (d) comprensión y consideración hacia los demás; (e) capacidad de obedecer y seguir instrucciones; (f) ánimo voluntario y cooperativo; y (g) visión y anhelo de alcanzar los objetivos. En la ejecución, éstas son características indispensables.

C. El autoritarismo es nocivo y contraproducente

Durante la ejecución, muchos líderes se ven tentados a hacer mal uso de su autoridad y abusar del poder y la libertad que tienen sobre los demás. Un líder regañón, imponente y violento entorpecerá la acción de los que trabajan bajo su dirección. Nótese la diferencia entre autoridad y autoritarismo. Se define la autoridad como el poder legítimo de mando que dignifica a una persona para dirigir y supervisar una actividad. En cambio el autoritarismo se describe como un régimen de carácter dogmático, dictatorial y violento, que no tolera contradicciones ni sugerencias de cambios y lo maneja todo en forma despótica y arrogante.

La arrogancia es una característica del líder autoritario

Lamentablemente, en algunas iglesias existe este tipo de líderes, que dirigen las actividades del programa con tono de arrogancia. Cindy Sharp escribió recientemente en un ensayo sobre la arrogancia, lo siguiente: "La arrogancia es producto de una mente ignorante, ignorante no de conocimientos sino de sabiduría. El hombre arrogante es un simplón por su propio decreto. Sin la más leve consideración, gozará en gritar ante el mundo su falta de entendimiento con orgullo y elocuencia. Es ciego porque no ve a nadie más que a sí mismo; es sordo porque no puede oír ningún consejo o sugerencia. Es también mudo, porque aunque grita y vocifera, sus groseras y desconsideradas expresiones no significan nada para los demás.

La jactancia es otra marca favorita del autoritarismo

El jactancioso fácilmente se pierde en las tinieblas sin admitir que tales tinieblas existen. Como no puede percibir su error, prefiere pensar que no hay tal error.

A sus ojos, la humildad es una actitud peligrosa, impropia de aquellos que ambicionan el mando y el dominio sobre los demás. El cree que detenerse a pensar es tontería y consultar a otros es cobardía. La vida del jactancioso está llena de pompa y ceremonia. La importancia es un plato exquisito, saboreado con gran ansiedad. Títulos, posiciones, riquezas, toda clase de haberes, constituyen su mayor goce.

El doctor Donn Byrne, de Purdue University, presenta reportes muy interesantes de experimentos analíticos sobre la conducta del autoritario.[3] Dice que después de la Segunda

Guerra Mundial, varios sociólogos y psicólogos se dedicaron a estudiar los rasgos característicos de Adolfo Hitler, el líder alemán más despótico y autoritario de la cuarta década de este siglo. Esos estudios y la campaña actual contra el autoritarismo son esfuerzos por evitar el ascenso al poder de aquellos que anhelan dominar, subyugar y oprimir a los más débiles.

Los sociólogos descubrieron que los líderes de tendencia fascista habían crecido en un hogar donde el padre era áspero y cruel; donde se veían obligados a obedecer sin explicaciones; recibieron castigos físicos y siempre quedaban frustrados en todo.

Esos profesionales describieron algunas diferencias de ideologías entre padres y jefes de distintas nacionalidades y culturas. Observaron, por ejemplo, que los padres latinoamericanos, a diferencia de los angloamericanos, son menos expresivos con sus hijos, especialmente con los varones. Los hijos no pueden decir nada después de recibir una orden; cada orden va acompañada de una amenaza.

Cuando un padre se equivoca en algo o aplica un castigo indebido, nunca viene a pedir disculpas a su hijo; y cuando el hijo encuentra alguna dificultad y pide ayuda o consejo, el padre siempre recuerda sus propias frustraciones y, a manera de venganza inconsciente, obliga a su hijo a luchar solo. Hay jefes, desde el administrador general hasta los últimos capataces, muy déspotas, desconsiderados, amenazantes y de un vocabulario grosero. Todo esto, porque ellos fueron tratados en la misma forma por sus "señores".

Problemas histórico-sociológicos del autoritarismo en América Latina

Hablando de ejecución, de mando y supervisión, sería conveniente dar atención a los factores sociológicos que han producido el tipo de líder autoritario y dominante cuya imagen se ve a veces proyectada en el carácter del líder cristiano.

El que manda, el que gobierna y administra y moviliza el engranaje humano y material de la iglesia, a veces se altera y se pone muy nervioso en los momentos de acción, cuando más normal debiera ser.

Existe un factor histórico-social que ha influido enormemente en la mala formación de los líderes en general: desde los gobernantes hasta los capataces y desde los líderes militares hasta los religiosos. En los albores de la cultura hispanoamericana se tropezó con hostilidad, odio y venganza. Los aborígenes fueron tratados despiadada e inhumanamente por los conquistadores. Como lo plantean William Read y coautores en su obra *Avance evangélico en la América Latina*:

> El indio no agresivo, ceremonial y hospitalario, se encaró con un enemigo dominado por la ambición del oro y por el fanatismo religioso y estimulado por una disciplina heroica y por la dureza para consigo mismo y para con otros. El carácter español fue modelado de tal manera que se le puede comparar con una medalla grabada en cada uno de sus lados con un rosto fuerte y decidio. Un rostro es el del conquistador imperialista; el otro, el de un fraile.
>
> Ninguno de los dos al expresarse más de acuerdo con su sentir podía comprender o perdonar al otro.[4]

Esta es la imagen del líder iberoamericano que dominó a América, cuyo trato dado a los indoamericanos fue cruel y vergonzoso; tanto que figuras como Montesinos y Bartolomé de las Casas en América, y Francisco Victoria en España, protestaron enérgicamente a favor de los oprimidos. A partir de esa época, la vida de los latinoamericanos ha sido de lucha económica y escasa educación, ya que sólo los criollos y hacendados podían lograr educarse. Las estructuras gubernamentales y las marcadas diferencias sociales ha ido cultivando ese ánimo de venganza y dominación en los estratos bajos y medios. Mucho de ese espíritu de imposición se ha infiltrado también al liderazgo eclesiástico.

De ahí que se oiga de pastores que se ufanan de imponer sus propias leyes y tratar despóticamente a aquellos que no se someten a sus egoístas y caprichosas disposiciones. El autor sabe de pastores que, debido a que son propietarios del terreno en que se edificó el templo, o se sostienen de su propio trabajo secular, se han convertido en pastores vitalicios, administrando deficientemente la obra y manteniendo en un estancamiento general a la iglesia que postorean. Otros, por ignorar lo que son las relaciones humanas, ahuyentan, explusan y menosprecian a la grey.

D. Ejecución directa e indirecta

Los obreros ejecutan las actividades directamente

Ejecución directa es la que realizan los que llevan a cabo cada actividad: maestros, secretarias, músicos, jefes de grupos, obreros manuales, tesoreros, contadores, ujieres, oficiales de sociedades, choferes y encargados del transporte, guardias, encargados de arte y construcción, empleados, cocineras, vendedores, etc. Todo este personal ha sido debidamente capacitado para su respectiva actividad, teóricamente. Pero ahora que se está frente a la realidad, es el momento de dar los últimos detalles y asegurarse de que todos sepan exactamente lo que van a hacer.

La alta oficialidad ejecuta indirectamente

Ejectutar indirectamente es hacer por medio de otros. Puesto que el líder administrador ya realizó todos los pasos previos a la ejecución — apreciación, planeación, preparación y organización — ahora puede estar seguro de que todos sus colaboradores pueden trabajar con él y sin él. Como dice el doctor E. Nesman: "La prueba de la efectividad de un líder está en lo que ha de pasar cuando él no esté presente."[5]

Pero debemos recalcar que aunque haya seguridad de que la acción de cada uno será excelente aun sin el líder, éste debe siempre estar al tanto de lo que está pasando. Esto demanda una doble capacitación en el que manda: saber hacer las cosas y saber mandarlas. Estas dos capacidades son muy distintas la una de la otra; pero sin la primera no existirá la segunda. Sólo el que sabe hacer las cosas, sabe mandarlas y considerar al que las ejecuta.

E. La comunicación el lubricante de toda ejecución

Varias clases de comunicación

Ya dedicamos todo un capítulo a la ciencia de las comunicaciones, en un sentido teórico. Ahora nos referiremos a la comunicación práctica, la que surge en el momento de la acción. Es más, enfatizamos aquí que, mientras más eficientes sean los medios comunicativos, más rendimiento tendrán los esfuerzos hechos y mejores serán los resultados del programa en general.

1. Formal o informal. La comunicación es *formal* cuando sigue los canales oficiales de la organización, respetando el orden jerárquico, para evitar confusión y contrariedades. Esto se logra cuando todos los oficiales, desde los niveles básicos hasta los más elevados, gozan del respeto y aprecio de los subalternos; cuando no hay prejuicios ni ventajas; cuando hay respeto y consideración por igual hacia los de arriba como los de abajo. Otra característica de la comunicación formal es que su contenido es oficial: Es decir, sólo trata asuntos aprobados; legítimamente propios para el beneficio de la iglesia o entidad.

Por otro lado, la comunicación *informal* es clandestina, ilegal y muchas veces, antagónica a la organización. Precisamente, por su ilegalidad, este tipo de comunicaciones suele ser más difusiva; corre con más prontitud y colaboración y se transforma de boca en boca, hasta que obliga a la administración a prestarle cuidado.

La comunicación informal tiene su lado positivo. Por ejemplo, algunas anomalías pueden estar ocultas al líder o al consejo principal, pero quizá sean detectadas por aquellos "que no tienen derecho de hablar". Lo mejor es indagar cuidadosamente cada cosa, (aun las que no valgan nada) para ayudar a los que pudieran ser afectados positiva o negativamente. Tómese en cuenta también que en casos de emergencia; la comunicación informal puede ayudar, ahorrando tiempo en una acción. Insistimos en que el administrador debe saber cómo actuar ante estas situaciones.

2. Individual o colectiva. Hay que ser claro: dirigirse ora a una, ora a varias personas, pero nunca en forma ambigua. Cuando se habla en general, no se habla a nadie; por lo tanto no hay respuesta. Usese ese método solamente cuando la comunicación no tenga ninguna importancia personal. La información *individual* es aguda y específica; mientras que la *colectiva* es amplia y general.

3. Oral o escrita. La comunicación *oral* es inmediata, directa y personal, pero es más propensa a ser mal entendida y olvidada. Limítese este método a pequeños y últimos detalles. Lo *escrito* dura más; se entiende mejor y provee más confianza a los que realizan el trabajo. Por otro lado, lo escrito es más comprometedor; por lo tanto debe pensarse bien lo que se va a escribir. Escribir claro y poco. Dice más el que escribe menos.

4. *Vertical u horizontal*. En toda ejecución hay estos dos modos de comunicación. La *vertical* se divide en *ascendente* y *descendente*, según si el que inicia el proceso comunicativo está ubicado organizacionalmente en los niveles de arriba o de abajo. Es descendente si se trata de órdenes, reglas, instrucciones, autorizaciones, requerimientos y prohibiciones. Son ascendentes los informes, reportes, sugerencias, peticiones y quejas. *Horizontál* es la comunicación a un mismo nivel, como juntas, comités, asambleas, etc.

F. La ejecución demanda una excelente supervisión

¿Qué es supervisar?

La palabra *supervisor* tiene su equivalente griego en una palabra compuesta, *episkopos: epi*, sobre o encima y *skopos*, vigilante u observador. Supervisar pues, es vigilar sobre determinado aspecto del trabajo o sobre determinado grupo de personas.

En cierto sentido, todos deben hacer en cierta forma el papel de supervisor. Un miembro supervisa su propia tarea y ayuda a aquellos que necesitan de él. Sobre los miembros u obreros manuales hay un supervisor local; luego, sobre los supervisores locales hay un supervisor departamental, distrital o como sea. Pero sobre todos ellos está la supervisión general del administrador, pastor o gerente, según sea el caso.

Cómo mejorar la técnica de supervisar

En la lista de cualidades que se da a continuación seguimos, hasta cierto punto, al licenciado Reyes Ponce en *El arte de mandar*, pero luego ampliamos la lista de cualidades y las aplicamos a la administración eclesiástica en una forma muy peculiar.[6]

1. *Sentido de responsabilidad*. El líder cristiano modelo es aquel que dice como Pablo: "¿Quién enferma y yo no enfermo? ¿A quién se le hace tropezar, y yo no me indigno?" (2 Corintios 11:29). Como buen líder: (1) Deberá cuidar de las personas a su cargo. (2) Es responsable del buen uso y conservación de las cosas que se le han confiado. (3) Es responsable del éxito o del fracaso de la actividad.

2. *Iniciativa propia*. No se espera que el líder, ya sea general o

departamental, cambie las disposiciones de la organización y haga lo que quiera; pero sí debe tener capacidad para adaptar, y hasta cierto grado, transformar algunas órdenes. Servir únicamente como mensajero, o cable transmisor, no es ser un verdadero líder.

3. *Saber convencer.* La táctica más deseada en un líder, la que le pude producir incontables beneficios en la tarea de supervisar es saber convencer a otros para que apoyen por su propio gusto lo que él quiere. Para esto, es bueno optar por no contrariar las ideas del prójimo. El gran éxito de Sócrates, filósofo griego que murió 4 siglos antes de Cristo, se debió a su método de preguntas positivas que obligaban a sus opositores a decir que "sí", y por ende, a estar de acuerdo con él. Para que una persona diga sí, debe haber algo a su favor.

Recordemos el caso del pastor que luchaba inúltilmente por conducir a un ternero al establo. Alguien que pasaba, le dio el consejo de untarse leche en la mano y acercarla a la nariz del animal. El ternero siguió al pastor sin problemas hasta llegar al destino deseado.

4. *Estar inundado de entusiasmo.* El entusiasmo es como el fuego: se transmite al contacto. Se ha comprobado que hace más una persona cuando está interesada que cuando es obligada a hacer algo. Por lo tanto, el buen líder, cuando quiera que su grupo rinda al máximo, trate de comunicar entusiasmo y alegría, en lugar de temor y amenzas. Una persona entusiasta contagia e inspira a las demás para hacer las cosas en forma excelente.

5. *Saber delegar.* Se ha dicho con sobrada razón que "es preferible que diez hagan el trabajo de uno, y no que uno haga el trabajo de diez." Hay que saber a quiénes se están delegando responsabilidades y autoridad. Pero una vez seguro de conocer el terreno, téngase confianza en otros. "líder desconfiado es líder desconfiable."

6. *Saber coordinar.* Se coordina mediante una clara y amplia comunicación entre los miembros. Esto se logra solamente cuando el pastor-administrador sabe qué es lo que está haciendo.

7. *Ser recto en la disciplina.* No se admiten preferencias en una acitividad conjunta, especialmente en la iglesia. Esto no significa que el líder sea un déspota o un ingrato. Ser amable,

considerado y perdonador le hará un guía digno de estimación. La misericordia nunca está en pugna con la justicia.

8. *Ser persistente.* Indudablemente ocurrirán disgustos y serias dificultades, pero, "perseverar hasta el fin" es un supremo requerimiento para alcanzar el triunfo. Recuérdense la tenacidad de Moisés, la paciencia de Samuel, la persistencia de Nehemías, la firmeza de Cristo y la inconmovible visión de Pablo. Estos líderes ejemplares vieron coronados sus esfuerzos, porque hicieron frente a las adversidades en la misión que se propusieron.

Ejercicios y aplicación

1. Dé una definición de "ejecución".
2. Cite brevemente las cinco maneras de motivar a una persona.
3. Mencione algunos rasgos característicos deseables en el líder durante la ejecución.
4. ¿Cuáles son los tres tipos de directores mencionados?
5. ¿Por qué cree usted que el obrero debe responder a un solo jefe directamente durante la ejecución?
6. ¿Cuáles son los significados de *exousía* o autoridad?
7. ¿Qué cualidades determinan el grado de capacidades autoritativas en el administrador?
8. Explique qué es el autoritarismo.
9. Describa a una persona arrogante.
10. ¿Cuál es el marco de referencia del líder "fascista"?
11. ¿Cuál es el marco histórico-social de muchos líderes latinoamericanos?
12. Explique qué es ejecución *directa* e *indirecta*.
13. Explique las diferencias entre comunicación *formal* e *informal*.
14. Explique brevemente cada una de las ocho cualidades del *supervisor*.

---

[1] G. R. Terry, *Op. Cit.*, p. 488.
[2] Dale Carnegie, *Cómo ganar amigos*, p. 46.
[3] Donn Byrne, *An Introduction to Personality*, Cap. 4.
[4] William Read, V. M. Monterroso y H. A. Johnson, *Avance evangélico en la América Latina*, (Casa Bautista de Publicaciones, 1971), p. 15
[5] Doctor Edgar Nesman, *Op. Cit.*, p. 31.
[6] A. Reyes Ponce, *Op. Cit.*, p. 345.

A. Significado y lugar de la evaluación

La evaluación consiste en comparar lo obtenido con lo esperado

El paso final en el proceso administrativo es determinar el progreso de la organización hacia los objetivos establecidos. Robert K. Bower dice que "la experiencia ha demostrado que no es suficiente prever, planear, preparar, organizar y ejecutar, si no se cuenta con un método sistemático para examinar cada aspecto de esas operaciones. Se asignaron proyectos y se delegaron deberes, pero ¿se realizó lo que se esperaba, tal como se esperaba?"[1]

Cuando no se toma tiempo para evaluar lo que se ha hecho, uno se siente inseguro e insatisfecho, pues no puede decir a ciencia cierta qué hizo ni cómo se hizo. Los términos *evaluación* y *control* se usan indistintamente en el campo de la administración, aunque hay pequeñas diferencias entre ambos. Regularmente se conoce como *control* a la evaluación parcial; a diferencia de la evaluación final.

Gulick y Urwick dicen que:

> El control consiste en ver que cada cosa sea hecha de acuerdo con el plan que se ha adoptado, la organización que se ha establecido y las órdenes que se han dado.[2]

John Pfiffner dice:

> La palabra *control* tiene un significado técnico en la terminología administrativa. Se refiere a la corriente de *información* sobre el progreso de las operaciones y la producción, considerada algunas veces como *retroalimentación* o *feedback*. Por eso es que el control y la planeación caminan de la mano: la planeación fija los objetivos; el control informa cómo se están alcanzando.[3]

Reyes Ponce, siguiendo a Maddock, dice:

> Es la medición de los resultados actuales y pasados, en relación con los esperados, ya sea total o parcialmente, con el fin de corregir, mejorar y formular nuevos planes. Es la recolección sistemática de datos, para conocer la realización de los planes.[4]

Aquí usaremos alternativamente las palabras *evaluación* y *control*. La evaluación tiene mucha relación con la apreciación, que es el primer paso administrativo; mientras que el control se relaciona más con la planeación, que es la acción de fijar normas y procedimientos.

La evaluación o control puede aplicarse al final de cada operación o al final de la obra

Cuando ocurre al final de cada operación conviene definirla como control, pues tales informaciones podrán ser utilizadas para ver si es necesario hacer algunas correcciones inmediatas, sin tener que esperar hasta el final. Como se sugería en la definición de Pfiffner, la base del control es la planeación.

Como se recordará, en la planeación se fijan los objetivos y se establecen los programas y presupuestos. Estos son los instrumentos precisos que nos pueden servir para medir y examinar el desarrollo de cada parte del trabajo planeado. Nos preguntaremos, por ejemplo, si vamos por la mejor ruta hacia el objetivo o meta. El programa nos dirá si estamos donde debemos estar, en cuanto a tiempo, ocasión, lugar y personal. El presupuesto nos demostrará si estamos dentro del marco autorizado de gastos; si estamos "en rojo" o si ha habido ganancias.

Cuando ocurre al final de toda la obra planeada, podemos decir que es una evaluación final y en tal caso se convierte en base de apreciación para iniciar un nuevo ciclo de actividades. Por eso decimos que con la evaluación se cierra un círculo y se inicia otro.

En resumen podemos destacar tres diferencias entre control y evaluación:

1. En cuanto a tiempo, el control se aplica constantemente, durante la trayectoria de la acción, así como aplicamos el acelerador o el freno en un automóvil, o los botones y llaves de cualquier aparato en operación; en cambio la evaluación ocurre al final.

2. En cuanto al modo, el control es directo e inmediato; la evaluación sigue un orden cuidadoso y un estudio detenido de toda la información.

3. En cuanto a resultados, el control permite hacer los ajustes y correcciones necesarios; la evaluación permite distinguir, honrar y recompensar a cada cual según sea el caso.

B. Uso y resultados de la evaluación

Ejemplos bíblicos

En otra lección se dijo que Dios hizo una perfecta evaluación de su obra creadora, según se lee en Génesis 1:31. "Y vio Dios todo lo que había hecho, y he aquí que era bueno en gran manera." Los planes divinos habían sido ejecutados y llegaba el momento solemne en que el Supremo creador haría una evaluación de todo.

Otro caso notable lo observamos en Mizpa, cuando el pueblo de Israel, a través del liderazgo de Samuel y la intervención de Dios, derrotó a los filisteos. Samuel pone un piedra por señal, (Eben-ezer) que significa, "Piedra de ayuda" y evaluando la grandeza de los acontecimientos realizados, expresa las inmortales palabras: "Hasta aquí nos ayudó Jehová." (1 Samuel 7:10-12).

Enseñándonos a evaluar el deber cumplido, Cristo dijo: "Así también vosotros, cuando hayáis hecho todo lo que os ha sido ordenado, decid: Siervos inútiles somos, pues lo que debíamos hacer hicimos" (Lucas 17:10). Pablo hace una evaluación histórica de su largo y ejemplar ministerio en su segunda carta a los corintios (2 Corintios 11:16-33). Luego, en el ocaso de su noble vida en este mundo, él se detiene para resumir y evaluar su trayectoria diciendo:

> El tiempo de mi partida está cercano. He peleado la buena batalla, he acabado la carrera, he guardado la fe. Por lo demás, me está guardada la corona de justicia, la cual me dará el Señor, juez justo en aquél día. . . (2 Timoteo 4:6-8).

Ejemplos de la evaluación en los distintos aspectos de la vida

Los educadores saben que ninguna lección está del todo terminada ni se puede garantizar su efectividad hasta que se ha hecho un repaso técnico y una cuidadosa evaluación del aprovechamiento de los alumnos.

En la evaluación del proceso *enseñanza-aprendizaje* ocurren tres cosas de gran interés: (1) El maestro se da cuenta de lo bien o mal que enseña; lo mucho o lo poco que sus alumnos asimilan de lo que él les da y las modificaciones que necesita hacer para llegar a desarrollar su plan. (2) Los alumnos se dan cuenta de cuánto han aprendido o cuánto tiempo han perdido. (3) Las distintas pruebas, exámenes y análisis revelan qué capacidad tienen los alumnos y qué papel pueden desempeñar en la práctica.

El agricultor abserva y evalúa el rendimiento de sus cosechas en comparación con las cosechas anteriores y en relación con las inversiones hechas en el trabajo. En la industria y el comercio también se nota el efecto de las técnicas de evaluación. Ningún industrial se atrevería a hacer grandes inversiones sin ser bien informado acerca del progreso o fracaso de su industria.

Tecnología de control y cibernética del mundo moderno

La tecnología del control y la evaluación ha evolucionado increíblemente. En todas las universidades del mundo se ha dado especial atención a las facultades de Administración Comercial y Empresarial, como también a los departamentos de Economía y Comercio. El mundo del siglo XX se está llenando de personal capacitado para la operación de todo tipo de maquinaria electrónica y de los más variados sistemas de registro y contabilidad. La cibernética ha ayudado a las empresas y organizaciones, y también a la ciencia de la medicina, proveyendo una enorme variedad de aparatos de control y evaluación. Un diccionario científico define la *cibernética* de la siguiente manera:

> Estudio del funcionamiento de las conexiones nerviosas del animal y de los mecanismos de control y transmisión de las máquinas. Comprende todos los implementos automáticos de control, selectores, retransmisores, robots: y máquinas de calcular e igualmente los mecanismos fisiológicos similares como los

de equilibrio automático, acciones reflejas y repercusiones nerviosas. La aplicación de la cibernética a las máquinas electrónicas de calcular ha hecho posible ampliar el conocimiento sobre el funcionamiento del cerebro.[5]

Esta modernización de técnicas ya llegó también a las oficinas generales de casi todas las iglesias. Las estadísticas de cada iglesia y de cada ministro son registradas por medio de un sistema de computadoras. Todo esto nos hace pensar que, si la medicina, el comercio, la industria y las oficinas de estadísticas están utilizando toda esa maquinaria para el control de sus operaciones, la iglesia que nosotros administramos o la asociación a la que pertenecemos puede y debe usar algún sistema de evaluación para su progreso.

El hombre es una maravillosa computadora

Por lo expresado anteriormente, alguien podría pensar que esta última etapa del proceso administrativo, el control o evaluación, es una cosa muy complicada y difícil, pero no es así. Todo el avance creador del mundo moderno no puede superar la grandeza de las capacidades intelectivas del ser humano. Boynton y coautores dicen:

> Estamos en una era de automatización. En la era primitiva se usaron cincel y piedra para anotar las transacciones; después se usaron papel y tinta; luego máquinas manuales; y ahora, máquinas automáticas que responden a datos que se anotan en tarjetas perforadas en cintas de papel y en cintas magnéticas, Pero la máquina automática, a pesar de su habilidad mágica y de su impresionante apariencia, es simplemente una herramienta. La máquina por sí sola no sabe lo que la mente del hombre desea.[6]

Con todo esto, hemos demostrado que, con maquinaria o sin ella, el administrador o líder de una agrupación debe preocuparse por mantener registros y datos concisos de todo lo hecho y por hacer, para que se pueda saber cuándo se está progresando o fracasando. El control administrativo es tan útil como las llaves que nos permiten controlar el agua caliente o fría en el baño; o como la dirección, el acelerador y el freno de un vehículo.

C. Evaluación del personal

Los cuatro aspectos de la evaluación del personal

Durante el proceso de capacitación y organización, se establecieron las bases de acción para cada persona, señalándole sus deberes y responsabilidades. En la evaluación del personal se logran cuatro cosas:

1. *Analizar la actuación de cada uno.* Este análisis debe ser positivo hasta donde sea posible y debe hacerse en diálogo franco y equilibrado con la persona en cuestión, aun en casos de adversidad. En caso de que la persona evaluada haya fallado, le ayudarán mucho la comprensión y consideración de su jefe. Los reclamos e insultos crean cierta coraza de resistencia y autodefensa de parte del individuo. Lo cual no le permitirá reconocer sus errores ni ver el punto de vista de su superior.

Los mejores líderes son aquellos que en momentos adversos prefieren ser positivos, amables y considerados; y como resultado, han recibido disculpas, enmiendas y bellas promesas de parte de aquellos que han fallado. Lo mejor que uno puede hacer en tales ocasiones es lo que recomendaba Dale Carnegie: "Permita que el prójimo salve su prestigio." Esto no significa, sin embargo, que no haya disciplina, rigor y hasta severidad; pero, como sugiere el siguiente proverbio: "No hay que escoger únicamente entre blanco y negro; hay también una gran variedad de grises."

2. *Mejorar la capacitación.* Sobre las bases de un sincero reconocimiento de los triunfos y también de las fallas observadas durante las actividades, los líderes deberán reanudar el proceso de la capacitación. Una persona está más dispuesta a recibir orientación sobre situaciones ya experimentadas. Nada se aprende mejor que aquello que responde a nuestras dudas, inquietudes y dificultades de la vida experimental.

3. *Otorgar, como el caso lo demande, algún tipo de recompensa y estímulo.* Muchos son los que han dejado de cooperar, debido a que no se les estimuló por el deber cumplido. La no compensación, los bajos salarios y la explotación de las clases laborales

son los fenómenos sociales que están carcomiendo las bases ideológicas de nuestros países subdesarrollados. Esta situación está arrastrando la suerte de nuestros pueblos a una desesperada huida hacia sistemas totalitarios y anticristianos en busca de ayuda.

Reconocemos que la Iglesia no es una agencia social principalmente; y que, para mantenerse a una altura moral fija, debe proclamar únicamente a "Jesucristo, y a éste crucificado" (1 Corintios 2:2); pero el evangelio es un mensaje de amor e igualdad en Dios. Se espera que la administración cristiana sirva de modelo y lección a la administración material. A los que obedecen se les pide que lo hagan, con temor y temblor, con sencillez de corazón, como a Cristo; no sirviendo al ojo, como los que quieren agradar a los hombres. . ." Pero también dice a los que mandan que dejen "las amenazas" y "que para él no hay acepción de personas". (Efesios 6:5-9).

Cristo hará una evaluación final en su augusto tribunal, ". . .para que cada uno reciba según lo que haya hecho mientras estaba en el cuerpo. . . (2 Corintios 5:10). "Porque Dios no es injusto para olvidar vuestra obra y el trabajo de amor que habéis mostrado hacia su nombre, habiendo servido a los santos y sirviéndoles aún" (Hebreos 6:10). No sólo el dinero es recompensa. El elogio público y sincero, el estímulo oportuno y la palabra de aliento, harán que nuestros colaboradores no se fatiguen ni pierdan el ánimo.

4. Hacer las modificaciones necesarias para mejorar la administración. El progreso es esencial para la verdadera existencia. Cada día se aprenden cosas nuevas. Los que creen que hoy están en peores condiciones que ayer, son personas fatalistas y estancadas. Es necesario mejorar cada día; y no hay razón para no mejorar en la administración de la iglesia.

Se recomienda usar para la evaluación los mismos métodos que se usaron en la planeación y la fijación de objetivos: la observación, la entrevista y las juntas. Si nos reunimos para disponer lo que debemos hacer, también debemos invitar a todos para analizar lo que se ha hecho. En estas reuniones, especiales y generales revísense las actas, los acuerdos y disposiciones tomadas en las sesiones de planeación.

Algunas fallas administrativas en la evaluación del personal

En todas las organizaciones, aun las religiosas, se observan anormalidades y a veces, hasta injusticias en la evaluación del personal. Cuando las normas de apreciación no están debidamente orientadas, ni se utilizan las técnicas apropiadas para evaluar a cada persona, se puede vagar desde un extremo hasta el otro; desde un equivocado favoritismo, hasta una extremada subestimación. En su libro *Administración por objetivos*, el doctor G. S. Odiorne presenta los dos aspectos con toda franqueza. Discutiremos aquí algunos de sus puntos presentados:[7]

1. El efecto de aureola o sobreestimacón. Esta es la tendencia del jefe a colocar una aureola a su empleado u obrero favorito. Esto puede suceder por varias razones: (a) Efecto de actuaciones anteriores. Debido a que en el pasado, esta persona ha actuado bien, se califica como buena su actuación presente; a veces sin estudiar a fondo la situación. (b) Compatibilidad. Existe la tendencia a sobreestimar la actuación de aquellos cuyas maneras y personalidad encontramos agradables, por encima de lo que realmente merecen. (c) Efecto de lo reciente. Al que realizó un trabajo sobresaliente la semana pasada, no se le toma en cuenta su actuación deficiente de todo el tiempo anterior. (d) Efecto de la fama y los títulos. A veces se juzga a la persona por sus antecedentes académicos solamente, sin ver lo que ha hecho realmente por la organización. (e) El efecto de no quejarse. Algunos piensan que el que no se queja, ni dice nada, marcha admirablemente; pero casi siempre es todo lo contrario. (f) El efecto del punto ciego. Este es el caso del jefe que no ve ciertos tipos de defectos porque son precisamente los suyos.

2. El efecto de hipercrítica o subestimación. Esto es lo contrario al efecto de aureola: es la tendencia a criticar y subestimar la actuación de los demás.[8] Esto puede obedecer a varias razones: (a) El jefe es un perfeccionista. Debido a que espera tanto, a menudo se ve decepcionado y califica a su gente por lo más bajo: (b) El subalterno contradice al líder. Hay personas que, con toda razón y con las mejores intenciones, tienen una opinión contraria a la de su jefe; motivo por el cual, éste no les tiene muy buena voluntad. (c) El efecto de la asociación. A veces se da una calificación baja al individuo que se relaciona con personas no muy gratas; aunque en realidad no hay motivos justos para devaluar la conducta del primero. (d) Efecto de los temperamentos. Cada individuo posee su temperamento peculiar, como se indicó en el capítulo cuatro,

sobre relaciones humanas. Cuando el líder no tiene información sobre esos detalles de·la personalidad no puede comprender a sus subalternos. (e) La comparación consigo mismo. Algunas veces subestimamos a una persona porque no piensa ni actúa como nosotros. Debiéramos preguntarnos si acaso la conducta nuestra es la mejor.

D. Acción correctiva del control o evaluación

Anteriormente hablamos de que el control o evaluación se puede verificar en forma parcial o total. Por ejemplo: en un proyecto de un año, clasificado como proyecto a corto plazo, se hará una evaluación total al final del año; pero también se deberán aplicar estudios de análisis y control cada trimestre para estar enterados de cómo marcha todo.

*Estudiemos un caso real como ilustración de la
acción correctiva*

Señalamos como ejemplo el proyecto de recaudación de mil doscientos dólares en un año, para la compra de un órgano para el templo. Para recaudar ese dinero y llegar al objetivo final, la adquisición del órgano, el pastor, o el promotor del proyecto, se vale de la actividad conjunta de la agrupación. Unos harán donativos; otros ofrecerán espectáculos a beneficio del proyecto, las damas venderán comidas especiales; las señoritas podrían vender galletas, dulces y flores; en fin: toda una acción organizada y dinámica.

Para que todo ese funcionamiento sea exitoso y productivo se deberá seguir el ciclo completo de la administración: La apreciación condujo a notar la necesidad de tener un órgano; en la planeación se fijaron las metas (mil doscientos dólares en un año) y la acción (recaudación conjunta). Se preparó y se organizó el personal; ahora se está ejecutando la acción y cada mes se tiene la junta de evaluación. Al tercer mes se requiere dar respuesta a las siguientes preguntas: ¿Están todos haciendo lo que deben hacer? ¿Vamos de acuerdo con el calendario y programa de actividades? Si no fuera así, ¿podremos tomar medidas correctivas para seguir hacia la meta? Estas y muchas dudas más quedarán contestadas en la evaluación parcial de marzo.

Las siguientes gráficas son una adaptación de las que presenta el licenciado Reyes Ponce en su libro *Administración por objetivos.*[9] Si la meta es recaudar $1.200,00 en 12 meses, la meta de cada mes será de $100,00. Se empieza en enero y ya en marzo podemos realizar la primera operación de control, para saber cómo va el movimiento. Las gráficas podrían ser así:

1. Corrección que lleva a la meta inicial. A fines del tercer mes la evaluación nos indica que, debido a varias circunstancias, el ritmo no es lo que se había planeado; de ahí que no se llega a la suma esperada ($300,00). Sin embargo, se toman medidas que garantizan que lo que no se ha logrado, se alcanzará en el período restante para llegar a la meta inicial. En este caso, el ritmo, después de la corrección, tendrá que ser más acelerado. Esto mismo ocurre al final del tercer trimestre:

GRAFICA DE CONTROL No. 1
CORRECCIONES QUE LLEVAN A LA META INICIAL

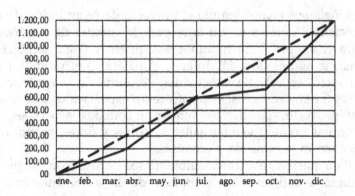

2. Correcciones que aunque logran el ritmo señalado, no alcanzan la meta inicial. La segunda alternativa es contentarse sólo con que se tome el ritmo señalado inicialmente, aunque no se logre recuperar lo perdido. Esto puede ocurrir por causas impremeditadas: enfermedades, pérdida de miembros, pérdida de empleos y otras razones. Eso significa que para el mes de diciembre no se tendrán mil dólares recaudados, pero la diferencia no será mucha; unos $200,00 menos. En este caso se tuvo que fijar una nueva meta ($1.000,00) en las sesiones trimestrales de control.

GRAFICA DE CONTROL No. 2
CORRECCIONES QUE LOGRAN EL RITMO NORMAL, PERO
NO ALCANZAN LA META INICIAL

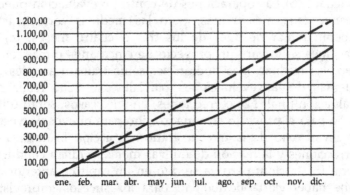

3. Evaluación de resultados parciales sin acción correctiva. Puede llegarse a la conclusión de que no es posible, por razones que no pudieron preverse al principio, alcanzar los objetivos prefijados. En este caso, para ser realistas, después de buscar inútilmente los medios para lograr los niveles deseados, habrá que reducir los niveles de resultados esperados.[10] Esto significa que no se alcanzará la meta señalada inicialmente; no se volverá a tomar el ritmo programado (y perdido desde el principio), antes bien, se señalará un objetivo más alcanzable, como $650,00

GRAFICA DE CONTROL No. 3
ANALISIS DE CONTROL SIN CORRECCIONES

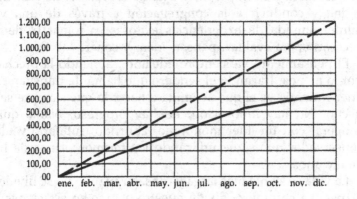

4. A manera de explicación, debemos destacar los siguientes detalles: (a) El proyecto puede ser mayor o menor que el que aquí se ha señalado, dependiendo del tipo de iglesia o sociedad. (b) Las operaciones de control o evaluación pueden hacerse cada mes o más, pero las medidas correctivas se deberán tomar después de los tres o cuatro meses. (c) En ocasiones se tomará un proyecto de cinco años o más: en tal caso, las evaluaciones podrán ser semestrales o anuales. (d) Además de las evaluaciones parciales, se debe realizar la evaluación final. Las correcciones, en tales casos, serán útiles, ya no para el proyecto terminado, sino para nuevos proyectos. (e) En el caso de la tercera gráfica: la acción evaluativa sin correcciones y la fijación de nuevas metas, pudiera conducir a cierta frustración; pero ya se dijo en un capítulo anterior que debe haber cierta flexibilidad para los sucesos imprevistos. Sólo Dios es perfecto en sus decretos y planes. (f) Los proyectos pueden ser de toda la iglesia, de cada departamento o de ciertos individuos; pero la administración de todo debe estar a cargo del pastor y su consejo de dirección, a través de una política de conducta democrática y participación popular.

E. Se cierra un ciclo y se inicia otro

La administración eclesial es una cadena interminable de proyectos

El pastorado es, quizá, la más compleja de todas las profesiones. A veces se torna aburrida y rutinaria; otras veces es agotadora y desesperante. Una de las formas de salir de la rutina y conducir a la congregación a través de una vida ininterrumpida de experiencias exitosas es tomar el tiempo necesario para evaluar, pensar, idear y soñar.

El pensamiento va siempre adelante, abriendo la brecha, o por lo menos, trazando el sendero que habrá de transitarse. El líder rutinario es el que se limita a hacer lo que siempre se ha hecho. No hay innovación; no hay progreso. Nadie quiere cooperar con un líder monótono, aburrido, rutinario y ultra-conservador que sigue utilizando los mismos planes de hace veinte años.

La vida se siente más larga y cansada cuando no se divide en etapas. La naturaleza divide nuestro tiempo en estaciones, las cuales obedecen a equinoccios y solsticios a través de la traslación de la tierra alrededor del sol; y en día y noche, mediante la rotación de la tierra sobre su eje. El hombre hace sus calendarios para fraccionar el tiempo en siglos, años, meses, semanas, días, etc. Además hay épocas y fechas festivas que hacen más agradable el tiempo del trabajador.

De igual manera, en la iglesia debe haber una cadena de actividades; cada una con su programa por etapas y con un sistema periódico de control, para medir el progreso o el estancamiento. Esto es una realidad en todos los aspectos de la vida eclesiástica: las promociones, los cambios, las medidas correctivas, todo lo relacionado al desarrollo espiritual, social y físico del pueblo.

"No hay cadena más fuerte que su eslabón más débil"

Así como el albañil necesita colocar bien la primera fila de ladrillos para seguir levantando la pared, también el buen líder velará porque cada proyecto y cada acción quede bien terminada y evaluada, para poder dar otros pasos e iniciar otros proyectos.

Una mala acción, un paso mal dado, un problema no resuelto; aun el defecto más pequeño puede incapacitar a la iglesia para seguir adelante. Al son de esta filosofía, también se puede asegurar que un individuo mal encauzado y con motivaciones ajenas y nocivas a la organización puede ser un eslabón débil en la cadena de nuestra administración. Ese eslabón puede ser reforzado y en caso extremo, sustituido.

Aquí empieza un nuevo proceso de apreciación

El análisis de presupuestos, la auditoría de libros de contabilidad, el estudio de tablas de asistencia y la comparación de lo planeado con lo realizado son factores de gran valor para la evaluación. Al mismo tiempo, estos factores se constituyen en evidencia y elementos demostrativos para una apreciación concreta que, como se recordará, es el primer paso hacia una nueva planeación.

Ejercicios y aplicación

1. ¿En qué consiste la *evaluación*?

2. ¿Cuál de las definiciones dadas es más inclusiva? ¿Por qué?
3. Señale tres diferencias entre control y evaluación.
4. Mencione algunos ejemplos bíblicos de evaluación.
5. ¿Para qué sirve la evaluación pedagógica, la del proceso enseñanza-aprendizaje?
6. Sintetice la definición de cibernética.
7. Sintetice los cuatro aspectos de la evaluación del personal.
8. Señale las seis fallas evaluativas por efecto de aureola o sobreestimación.
9. Señale las cinco fallas por efecto de hipercrítica o subestimación.
10. Describa un proyecto al cual se le aplique la acción correctiva que lleva a la meta inicial.
11. Describa un caso en el que se aplique la evaluación de resultados, o control, sin correcciones.
12. ¿En qué sentidos es la administración eclesial, o el pastorado, una cadena interminable de proyectos?
13. ¿Qué se da a entender con el apotegma: "No hay cadena más fuerte que su eslabón más debil"?
14. ¿En qué se parece la última etapa administrativa a la primera?

---

[1] Robert K. Bower, Op. Cit., p. 157.
[2] Luther Gulick y L. Urwick, Papers on the Science of Administration, (New York: Columbia University, 1937), p. 77.
[3] John M. Pfiffner, The Supervision of Personnel, (Englewood Cliffs: Printice-Hall, 1960), p. 46.
[4] Agustín Reyes Ponce, Administración de Empresas, segunda parte, p. 355.
[5] Diccionario Científico Ilustrado, (New York: Editors Press Service, Inc., 1966), p. 75 y 76.
[6] Lewis D. Boynton, et al., Contabilidad práctica del siglo XX". (Cinncinati, Ohio: S. W. Publishing Co., 1974), p. VI.
[7] George S. Odiorne, Administración por objetivos, (México: Editorial Limusa-Wiley S. A., 1973), p. 193-195).
[8] Ibíd.
[9] Agustín Reyes Ponce, Administración por Objetivos, (México: Editorial Limusa, 1973), p. 125.
[10] Ibíd., p. 126.

TERCERA PARTE

La Administración y su aspecto parlamentario

REGLAS PARLAMENTARIAS: INTRODUCCION GENERAL	**11**

A. Razón y definición de la Ley Parlamentaria

Su importancia en la administración

A través de todo este curso hemos estado haciendo alusión a sesiones y juntas de negocios, desde las reuniones de apreciación hasta las de evaluación. El líder es responsable del funcionamiento y resultado de tales juntas. En la mayoría de los casos, las sesiones se prolongan y degeneran en discusiones desorientadas, estériles y acaloradas. Los más fuertes y "sabios" del grupo insisten en manipular y monopolizar la discusión.

Otros, a pesar de ser miembros legales y tener causas justas y razonables para intervenir, permanecen silenciosos y aislados, ignorando sus derechos.

Lo trágico aquí es que frente a este tipo de sesiones, funge como líder una persona carente de métodos y sistemas de orden y disciplina para moderar o presidir las actividades de la asamblea. Debido a esto, no es capaz de corregir los errores y problemas que surgen inesperadamente a lo largo de las deliberaciones. Para no caer en una situación tan conflictiva y desorientada como esa, es urgente que tanto el moderador como los miembros sepan cómo dirigirse a la asamblea, cómo proponer y tratar los asuntos, cómo votar o llegar a una decisión oficial. Esto se logra familiarizándose con los principios parlamentarios y aplicándolos en la forma más racional en todas las sesiones. De ahí que todo pastor, líder y administrador esté en la obligación de estudiar y observar dichos principios.

Definición y propósitos de la Ley Parlamentaria

La Ley Parlamentaria es un sistema de reglas de orden para la rápida y eficiente transacción de negocios en una asamblea deliberativa. Hall y Sturgis, en su libro de texto sobre la Ley Parlamentaria dicen:

> Sin una forma sistemática de procedimientos parlamentarios, una asamblea carece de orden y armonía, con la consecuente pérdida de tiempo y efectividad. Aun entre los pueblos semicivilizados se observan algunas normas cuando la gente se reune en grupos. . . El propósito de la Ley Parlamentaria es capacitar a una asamblea para (a) transar negocios con rapidez y eficiencia, (b) proteger los derechos de cada participante, y (c) mantener un espíritu de armonía entre los miembros.[1]

El estudio de la Ley Parlamentaria ha sido parte de los cursos de oratoria y cívica; pero de mayor importancia es su uso en la conducción de sesiones, ya que da al líder o presidente cierto grado de seguridad y control como moderador. Se espera que además de estas notas, el lector busque obras más completas sobre el particular y enseñe a sus miembros o compañeros cómo deben comportarse en las juntas.

B. Los cinco principios fundamentales de la Ley Parlamentaria

Hall y Sturgis presentan cinco principios generales que a nuestro juicio son las bases sobre las que se levanta y sostiene toda la estructura de los procedimientos parlamentarios, y también el funcionamiento de todo tipo de organización. He aquí tales principios.[2]

1. *Sólo un asunto puede demandar la atención de la asamblea a un mismo tiempo.* La razón de este principio es evidente. La experiencia ha comprobado que una persona no puede considerar dos ideas distintas a la vez; pues aun requiere esfuerzo concentrarse en un pensamiento. Naturalmente entonces, la asamblea, que está compuesta de un cierto número de personas encuentra dificultad en fijar su atención en el asunto en discusión. Si varios asuntos se presentaran a la vez, resultaría tal confusión, que haría imposible llegar a acuerdos. Es deber del moderador mantener en vigencia este principio.

2. *Toda proposición presentada para su consideración merece pleno y libre debate.* Tanto los proponentes como los oponentes de una moción deberán tener oportunidad para hacer ver sus puntos de vista: los primeros hablarán de los méritos y los últimos de las desventajas de la misma. La discusión de una moción puede ser suprimida, ya por el moderador, para apresurar la marcha de la sesión, ya por los miembros, en circunstancias especiales y por medio de mociones de rango superior y votos de dos tercios.

3. *Cada miembro tiene iguales derechos que los demás.* Este principio de igualdad es el fundamento de la democracia. Todo miembro tiene el derecho de proponer mociones, participar de la discusión, votar y ejercer cualquier otro privilegio conferido por la organización, sin discriminación ni parcialidad.

4. *La decisión de la mayoría debe llevarse a cabo y la posición de la minoría debe ser preservada.* Cuando una proposición ha sido presentada y discutida, una mayoría (o sea la mitad más uno) de los miembros votantes la harán prevalecer o fracasar. En una asamblea democrática, la mayoría tiene el derecho de decidir la acción de la organización y todo miembro está obligado a cumplir tal decisión, mientras que la minoría tiene el derecho de ser oída y algunas veces podrá prevenir la acción inmediata sobre la proposición mientras ésta está ante la asamblea.

5. *La personalidad y los deseos de cada miembro deben unirse a la voluntad del grupo mayoritario de la organización.* Toda persona tiene ideas y deseos que quisiera imponer a los demás, pero dentro de una organización los intereses y deseos individuales son de menor importancia. Su objetivo debe ser el objetivo de la organización y sus acciones deberán ser dispuestas y dirigidas por la entidad como un cuerpo organizado.

C. Presentación y disposición de los negocios

Cómo obtener el piso y presentar una moción

Para que un asunto pueda ser conocido, discutido y decidido, deberá ser presentado formalmente a la asamblea; de otro modo todo será simple charla y pérdida de tiempo. El general e ingeniero Henry M. Robert, en sus *Rules of Order* dice:

> Todo asunto deberá ser traído ante la asamblea en
> forma de moción presentada por algún miembro o

por medio de recomendaciones a la asamblea. Sin embargo, no es necesario presentar una moción para recibir los reportes de los comités a menos que algún miembro objete. Pero para que un miembro pueda proponer una moción o dirigirse a la asamblea sobre cualquier asunto, es necesario que dicho miembro obtenga el piso.[3]

Obtener el piso consiste en ser reconocido formalmente para tomar la palabra. El miembro que desea proponer algo o dirigirse a la asamblea debe ponerse en pie o levantar la mano y dirigirse al moderador por su título oficial, como: "Señor Presidente" o "Señor Moderador", quien a la vez reconocerá al miembro mencionando su nombre o con la frase: "Señor Miembro".

En cuanto a conceder el piso, Robert hace las siguientes recomendaciones:

Cuando dos o más levantan la mano al mismo tiempo, el presidente deberá decidir quién debe tomar el piso. Esto podrá hacerlo tomando en consideración los siguientes principios: (a) El miembro que propuso la moción que se está discutiendo tiene el derecho al piso (si no lo ha tomado durante la discusión) aunque otro miembro haya pedido antes la palabra. (b) Ningún miembro deberá tomar la palabra por segunda vez sobre el mismo asunto, si otros la están solicitando. (c) El moderador deberá alternar la discusión entre los que favorecen y los que se oponen a la moción en discusión.[4]

Los ocho pasos que debe seguir toda moción

La presentación y disposición de una moción (especialmente la moción principal) requieren ocho pasos sucesivos presentados por Hall y Sturgis,[5] y adapatados como sigue:

1. Un miembro se levanta y se dirige al oficial que preside diciendo: "Señor Presidente".

2. El miembro es reconocido por el oficial que preside, quien le concede el piso diciéndole: "Señor Miembro" o "Señor Fulano".

3. A continuación, el miembro propone la moción, iniciando su exposición con las palabras "Propongo que. . ."

4. Otro miembro secunda la moción usando la expresión: "Yo secundo". Cuando una moción que lo requiera no es secundada por ningún miembro, el presidente debe preguntar: "¿Hay secunda?" Si persiste el silencio, la moción es desechada por falta de secunda.

5. Si una moción ha sido debidamente propuesta y secundada, el presidente anunciará a la asamblea: "Ha sido propuesto y secundado que. . ." También puede pedir al secretario que lea la proposición a la asamblea.

6. La asamblea discute o debate la moción, si ésta es debatible.

7. El presidente toma la votación sobre la moción cuando ésta ha sido plenamente discutida. Las distintas formas de cerrar la discusión, como también las diferentes clases de votación serán explicadas adelante.

8. El oficial que preside anuncia a la asamblea el resultado de la votación. Si la moción prevalece, el secretaro deberá registrarla en el acta para su cumplimiento.

D. Desarrollo y límites del debate

Tres requisitos importantes en el debate

El objetivo de las sesiones de una entidad es decidir asuntos de interés para toda la membresía, por lo que se espera que todos participen de las deliberaciones con el mayor grado de inteligencia y efectividad. Para eso debe haber:

1. Información clara sobre el asunto. Muchas veces se pierde tiempo en discusiones vanas y desagradables porque los miembros no saben exactamente de qué se está hablando. Hay personas que se abstienen de hablar porque no entienden nada del asunto. Otros votan sin saber por qué. Es deber del presidente mantener informados a todos los miembros sobre la moción principal, subsidiaria o incidental que se estuviere tratando.

2. Pertinencia en el debate. Toda discusión debe pertenecer al asunto que se está tratando. Todos los miembros, menos el que preside, tienen derecho a participar en el debate, pero deben mantenerse dentro del tema. Cuando un miembro obtiene el piso para referirse a la moción o sus derivados y empieza a hablar de algo diferente, debe ser llamado al orden. Sin embargo, debe tenerse cuidado al llamar a un miembro al

orden, porque a veces, sin salirse del tema, un orador puede hacer uso de ilustraciones, ejemplos o explicaciones que pueden parecer ajenas a la moción pendiente. Para que un miembro vuelva al tema se le debe aplicar a la moción incidental *punto de orden.* lo cual puede ser hecho por el presidente o por cualquier otro miembro.

Cuando hay ante la asamblea una moción principal, una enmienda y una enmienda a la enmienda, ésta última debe discutirse y decidirse primero, luego la enmienda y finalmente la moción principal. De modo que el debate debe referirse a la parte que se está considerando.

3. Decoro en el debate. El miembro que ha obtenido el piso debe hacer uso de claridad en su fraseología y respeto en sus argumentaciones, sabiendo que no habla para su bien únicamente sino para ayudar a la asamblea a llegar a una importante decisión. Citamos a Hall y Sturgis sobre el particular:

> Todo miembro debe dirigirse al presidente para cualquier pregunta o comentario, y éstos deberán ser de una naturaleza constructiva y con mucha cortesía. La discusión de personalidades y el uso de nombres personales es impropio. Los oficiales deben ser nombrados por sus títulos, como "Señor Presidente" y no por sus nombres propios. También los miembros deben ser nombrados como tales y no por sus nombres. El propósito de esta forma es eliminar personalidades y ayudar a la asamblea a seguir el principio de que en las asambleas se deben discutir mociones, no personas.[6]

Es deber del presidente proteger los derechos de cada miembro en su uso de la palabra, suprimir todo desorden, evitar interrupción y poner atención a lo que dice cada participante. También debe mantener informada a la asamblea de lo que se está tratando, leyendo la moción o pidiendo al secretario que lo haga. El presidente debe abstenerse de discutir, ya que como tal, debe permanecer imparcial hacia el asunto en discusión. Si él desea discutir tendrá que delegar su puesto al vicepresidente o a cualquier otro miembro.

Límite o extensión del debate

Debido a excesos en el tiempo de discusión de un asunto,

muchas organizaciones acostumbran fijar el tiempo en que debe considerarse cada moción. Cada asamblea puede tomar sus propias medidas sobre esto. Las reglas parlamentarias no permiten que un miembro tome la palabra por segunda vez sobre la misma moción hasta que todos los que deseen discutir lo hayan hecho.

Puesto que toda moción merece pleno y libre debate, sólo se puede alterar ese principio por medio de mociones de rango superior y un voto de dos tercios en lugar de simple mayoría. Las mociones que limitan el debate son *la cuestión previa* y *limitar el debate*. También hay ocasiones en que se ve la necesidad de dar más tiempo para cierto negocio. Para eso debe aplicarse la moción *extender el debate*. En el siguiente capítulo se darán mayores detalles sobre estas mociones.

Si después de ser aprobado el cierre del debate, alguien desea dar alguna sugerencia, deberá hacerlo sentado y únicamente cuando se trate de algo muy importante. Si una moción ya ha sido puesta a votación (lo que significa que se ha cerrado el debate) y alguien quiere presentar otro argumento, sólo podrá interrumpir antes de tomar el voto negativo. En tal caso el presidente hará que se repita el voto afirmativo.

Cuatro maneras de limitar el debate

Se puede limitar la discusión sobre un asunto en cualquiera de las formas siguientes: (a) Limitando el tiempo de cada orador o miembro participante a cierto número de minutos. (b) También se puede limitar el tiempo en que se discutirá cada asunto o cierta moción. Esto depende de la cantidad de asuntos programados en la agenda y del tiempo disponible para la sesión. (c) Otro modo de limitar el debate es fijando el número de oradores de cada bando en la deliberación de un negocio. (d) Además se puede limitar el debate fijando anticipadamente la hora de tomar la votación.

Como se dijo anteriormente, estas limitaciones son una violación de uno de los principios fundamentales de la ley parlamentaria, que es la libertad de discusión; por lo tanto se deberá obtener una votación de dos tercios para aprobar tales mociones.

E. Análisis de los diferentes métodos de votación

El lugar de la votación en las sesiones

"El fundamento de una democracia es el principio de que las personas que la constituyen tienen igual participación en sus decisiones. El derecho de votar es el privilegio perteneciente a los miembros de todo cuerpo democrático para expresar su voluntad o preferencia al elegir oficiales, aprobar o rechazar medidas y proposiciones."[7]

Después de discutir ampliamente la moción, el presidente debe tomar la votación. Para asegurarse de si la asamblea está preparada, debe preguntar: "¿Hay más discusión?" o "¿están listos para votar?" Si nadie se levanta, se debe tomar la votación afirmativa y luego la negativa.

Diferentes maneras de votar:[8]

1. *A viva voz.* Este es el método más rápido y sencillo. El presidente dice a la asamblea: "Los que están de acuerdo a la moción que dice: . . .(Aquí se lee la moción), digan 'Sí'; los que estén en contra digan 'No'." Por el volumen de voz, el presidente determinará el resultado de la votación.

2. *División de la Casa, o poniéndose de pie.* Cuando se ha votado "a viva voz", puede haber duda acerca del resultado y alguien puede pedir que se repita la votación, por división. Esto consiste en ponerse de pie y contar los votos de cada bando. La petición de "división" la puede hacer cualquier miembro, siempre que la votación anterior haya sido a viva voz. Si el miembro desea que los votos sean contados, deberá hacer una moción formal, la cual deberá ser secundada y aprobada por un voto mayoritario.

3. *Por muestra de manos.* El presidente pide: "Los que estén a favor, levanten la mano derecha." Igualmente para el voto negativo. Este método es muy práctico y permite contar los votos, especialmente cuando se trata de un voto de dos tercios o tres cuartos.

4. *Por boleta.* Para votar por boleta es necesario que un miembro lo pida por medio de moción. El primer paso es que el presidente nombre por lo menos tres escrutadores, de los cuales el primero será el presidente.

Es deber de los escrutadores distribuir las papeletas, principiando con el presidente y el secretario. Si no es posible tener, boletas impresas con los nombres o mociones a escoger, se usarán papeletas en blanco; pero se debe dar mucha instrucción a la asamblea. Se recomienda escribir en un pizarrón los nombres de los candidatos o las mociones que están siendo sometidas a votación.

Los escrutadores pueden contar en privado o en público las boletas. Sólo los miembros deben recibir boleta. Mientras dos escrutadores leen las boletas, otro anota en un pizarrón los votos. Estos deben anotarse en grupos de cinco: cuatro líneas verticales y una diagonal cubriendo las cuatro. La ventaja de este método es que los miembros pueden votar en secreto. La desventaja es que toma mucho tiempo; pero hay negocios muy importantes en los que debe usarse este método. Tres reglas guiarán a los escrutadores al contar los votos: (1) Cuando dos o más boletas van juntas, son fraudulentas. (2) Los votos por personas no elegibles son ilegales. (3) Las papeletas en blanco deben ser ignoradas.

5. *Pase de lista.* Cuando es necesario registrar el voto de cada miembro, se debe aprobar una moción por mayoría pidiendo que la votación se haga por pase de lista. El nombre de cada miembro es mencionado y cada uno responde "sí" o "no". El nombre del presidente debe llamarse de último. Si un miembro no desea votar, simplemente contesta: "presente".

6. *Consentimiento general.* Esta es una forma de decidir un asunto sin tomar votación. Por ejemplo: si un miembro está hablando algo muy interesante y su tiempo ha vencido, el presidente puede decir: "Si no hay objeción, el orador puede tomar otros cinco minutos." También, después de leer el acta, el presidente puede decir: "Si no hay objeción, el acta queda aprobada." Si nadie objeta, el presidente declara aprobada la moción. Si alguien objeta, el asunto deberá ser decidido por cualquiera de los métodos regulares de votación.

7. *Por correo.* Cuando, por distancias o cualquiera otra razón justificada, los miembros no se pueden reunir, se les envían hojas con la lista de candidatos o proposiciones con dos columnas encabezadas por las palabras "sí" y "no".

8. *Por planilla.* Este método, aunque es rápido, presenta muchas desventajas. Por ejemplo: en una planilla de oficiales puede ocurrir que aparezcan personas ineptas entre los nombres de candidatos que sí gozan de simpatía general.

9. *Por medio de apoderado.* Este es el voto por miembros ausentes. Los miembros aptos para votar asignan por escrito a otras personas para que voten por ellos. Esto debe hacerse si la constitución lo permite y con todas las medidas de ley, para evitar objeciones de parte de los demás miembros.

Cinco clases de votos

1. *Voto mayoritario.* Voto mayoritario *no calificado* es, por lo menos uno más que el cincuenta por ciento de los votos depositados. Voto mayoritario *calificado* es cuando se especifica si se tomará en cuenta la mayoría de los votos depositados, mayoría de los presentes o mayoría del total de miembros de la organización.

2. *Voto de dos terceras partes.* Hay mociones que tienen como propósito infringir un principio fundamental, como limitar el debate, etc. Dichas mociones deberán ser sostenidas por las dos terceras partes de los votantes.

3. *Voto de pluralidad.* Esto es, uno más que el número total de votos recibidos por cualquier otro candidato o moción. El candidato o moción con el mayor número de votos se dice que ha recibido un voto de pluralidad.

4. *Voto empatado.* Esto ocurre cuando un número igual de votos es depositado a cada lado. En tal caso la moción está perdida a menos que el presidente no haya votado y quiera votar por cualquier lado. El tiene el privilegio de hacer ganar una votación empatada o hacer perder una moción que ha sido ganada por la diferencia de un voto.

5. *Voto unánime.* Cuando un candidato o asunto recibe el total de los votos legales depositados se dice que ha recibido un voto unánime.

F. Nominaciones y elecciones

Una de las prácticas más comunes en toda organización y especialmente en la iglesia es la elección de oficiales.

Métodos de nominación

Nominación es la acción de presentar formalmente a la asamblea el nombre de un candidato para cierta posición u oficio. Hall y Sturgis, dan tres métodos:[10]

1. *Nominaciones del piso.* Nominar del piso es proponer verbalmente el nombre de un candidato. Se puede nominar tan pronto como el presidente lo anuncia diciendo:

"La nominación para el cargo de. . . está abierta."

Cualquier miembro puede levantarse y nominar, de la manera siguiente:

"Yo nomino al Señor González (o el tipo de tratamiento que sea) para el cargo de. . ."

La nominación no requiere secunda, aunque bien puede agregarse si alguien desea expresar su aprobación. En organizaciones grandes se acostumbra dar una descripción de las capacidades del candidato, al nominarlo. Esto no es necesario en iglesias pequeñas; pero sí se debe dar instrucción a la asamblea sobre el cargo y las características que deben poseer los candidatos.

Cuando el presidente ha escuchado un nombre, lo repite para que el secretario lo registre y otra persona lo escriba en un pizarrón. Ningún miembro puede nominar más que un candidato para cada cargo. Cuando ya ha transcurrido un período considerable, o ya no parece haber más nominaciones, el presidente debe preguntar: "¿Hay más nominaciones?" Si no hay más, debe declarar cerrada la nominación para proceder a la votación.

Si el moderador no cierra la nominación, cualquier miembro puede proponer una moción para el efecto. Esta moción requiere un voto de dos tercios. Pero si desea reabrir la nominación, se puede proponer una moción para ello con un voto de mayoría, siempre y cuando no se haya iniciado la votación.

2. *Nominaciones por un comité nominador.* Este comité puede ser electo o nombrado en la sesión anterior a la sesión de elecciones, para que tenga tiempo de escoger a los candidatos. El comité presenta su reporte a la asamblea, en el que somete los nombres de los candidatos. El presidente debe pedir que dichos nombres sean escritos en un pizarrón y preguntar si acaso hay otras nominaciones del piso. Si las hay, deberá agregarlas.

3. *Nominación por boleta.* El moderador distribuye boletas para que los miembros escriban el nombre de su candidato al lado de

cada cargo. El candidato que recibe el mayor número de nominaciones es considerado electo. De otro modo, en una segunda papelata se vota por los candidatos nominados. El que obtenga mayoría es electo. Si nadie alcanza mayoría, los dos más altos son sometidos a votación.

La votación sobre las nominaciones

Al cerrarse la nominación, la asamblea procede a votar sobre los candidatos nominados, usando cualquiera de los métodos de votación descritos anteriormente. Los miembros no están limitados a votar solamente por los nominados. Si una persona no nominada es elegible y alcanza mayoría de votos, queda electa.

Ejercicios y aplicación

1. Describa la situación de una sesión sin reglas parlamentarias.
2. Mencione los tres propósitos de la Ley Parlamentaria.
3. Dé los cinco principios fundamentales.
4. ¿Qué recomienda Robert al presidente cuando dos o más solicitan el piso?
5. Mencione los ocho pasos que debe seguir toda moción.
6. ¿Cuáles son los tres requisitos importantes en el debate?
7. ¿Cuáles son las cuatro maneras de limitar el debate?
8. Describa brevemente las nueve maneras de votar.
9. ¿Qué es *voto de pluralidad*?
10. Explique qué es *voto mayoritario no calificado* y *calificado*.
11. ¿Quién puede empatar o desempatar un voto?
12. Mencione y explique las tres clases de nominaciones.

---

[1] Alta B. Hall y Alice F. Sturgis, *Textbook On Parliamentary Law* (New York: The Memillan Co., 1923) p. 1.
[2] *Ibíd.*, pp. 2-5.
[3] Henry M. Robert, *Robert's Rules of Order*, (New Jersey: Fleming H. Revell Co., 1973) p. 27.
[4] *Ibíd.*, p. 28.
[5] Hall y Sturgis, *Op. Cit.*, pp. 6-10.
[6] Hall y Sturgis, *Op. Cit.*, p. 40.
[7] Hall y Sturgis, *Op. Cit.*, p. 52
[8] *Ibíd.*, pp. 53, 54.
[10] *Ibíd.*, pp. 70-73.

A. Mociones principales: generales y específicas

Moción o proposición principal general

Se llama *moción principal* a cualquier negocio o proposición presentada por cualquier miembro para que la asamblea la conozca y decida. Ningún asunto debe ser discutido hasta que haya sido propuesto, secundado y anunciado a la asamblea. Ninguna moción principal puede ser presentada mientras haya otro asunto ante la asamblea. La moción principal cede el paso a todas las mociones subsidiarias, incidentales y privilegiadas; pero nunca a otra moción principal. En cuanto a qué asuntos no se deben proponer, Robert dice:

> Estará fuera de orden toda moción que esté en contra de la constitución, estatutos, normas y resoluciones de la asamblea, o cualquier acuerdo tomado durante la sesión. Si una moción de esta índole ha sido adoptada, será nula y quedará sin efecto. Para poder introducir una moción así, es necesario enmendar la constitución o anular el acuerdo.[1]

Será deber del presidente ver que todas las mociones estén dentro del orden general de la organización. El puede rechazar inmediatamente cualquier moción nociva a la entidad, para lo cual deberá poseer un amplio conocimiento del gobierno y práctica de su organización. En el capítulo anterior detallamos los pasos que deben darse en el proceso de una moción. La palabra "moción" significa movimiento o acción. Por ejemplo: "Propongo que se compren libros para la biblioteca."

Mociones principales específicas

Henry M. Robert clasifica estas mociones como *mociones misceláneas*, pero otros autores, seguidos por Hall y Sturgis, las presentan como *mociones principales específicas*, porque, aunque difieren de la moción principal general, poseen varias características que las hacen parecerse mucho a ésta. A nuestro juicio es más conveniente reconocerlas por la segunda clasificación, porque siempre presentan asuntos nuevos a la consideración de la asamblea, aunque a veces se refieren a negocios ya terminados por la misma. De entre las mociones principales específicas señalamos las siguientes:

1. *Tomar de la mesa.*

La expresión *tomar de la mesa* es lo contrario a *dejar sobre la mesa*. Esto último significa dejar a un lado una moción, lo que es igual a no tratar una moción, sino guardarla. *Dejar sobre la mesa* es una moción subsidiaria, porque se refiere a la moción presentada en ese instante; en cambio, *tomar de la mesa* es una cuestión principal o específica, ya que se trata de algo que ha sido dejado temporalmente.

El miembro que propone la moción *tomar de la mesa*, dice: "Propongo que se tome de la mesa la moción que se refiere a comprar libros para la biblioteca." Esto es, si tal moción ha sido "dejada sobre la mesa". El presidente, después de oír la secunda, dice: "Ha sido propuesto y secundado tomar de la mesa la moción. . . Los que estén a favor, digan 'sí'; los que estén en contra, digan 'no'. La moción ha sido aprobada; que el secretario lea dicha moción, por favor". La moción será tratada como antes de ser dejada.

2. *Reconsiderar.*

El propósito de esta moción es capacitar a la asamblea para volver a discutir y decidir un asunto que ya ha sido tratado y decidido en votación. En otras palabras, la moción a *reconsiderar* anula un voto anterior y permite tomar un nuevo voto. Esta moción es válida sólo en el mismo día en que se tomó la votación que va a anular o a más tardar el día siguiente; pero nunca, si ha transcurrido más de un día de que tal voto fue emitido.

Otra condición es que la persona que propone debe ser alguien que haya votado en el lado ganador, porque sólo puede hacerlo como un acto de cambio de opinión. El proceso es el siguiente: Un miembro, sin esperar el piso dice, por ejemplo:

"Propongo reconsiderar el voto de la moción concerniente a la compra de libros para la biblioteca". Después de oír la secunda, el presidente pregunta si el proponente votó del lado ganador. Si es así, el primero se dirige a la asamblea: "Ha sido propuesto y secundado reconsiderar el voto de la moción concerniente a la compra de libros para la biblioteca. ¿Hay discusión? Los que estén a favor digan 'sí'; los que estén en contra digan 'no'. La moción reconsiderar ha sido aprobada. Por favor, el secretario lea la moción concerniente a la compra de libros para la biblioteca. Está abierta la discusión."

3. Anular

El propósito de la moción *anular* es dejar sin efecto el voto tomado sobre cierta moción. La moción *anular* sólo puede ser propuesta cuando no hay ningún asunto ante la asamblea, porque es una moción principal específica. Puede ser aplicada a toda moción principal, si no se ha hecho algo, como resultado del voto tomado, que ya no se puede cambiar.

El miembro pide el piso y dice: "Propongo anular la acción tomada sobre la moción. . ." El presidente al escuchar la secunda dice: "Ha sido propuesto y secundado anular la moción. . . Por favor, el secretario lea dicha moción. ¿Hay discusión? Los que estén a favor de anular esta moción, pónganse de pie. Los que estén en contra, pónganse de pie. La moción. . . queda anulada por un voto de dos tercio." La moción *reconsiderar* es muy parecida a *anular*; sin embargo, difieren en que, mientras la primera invalida un voto con el fin de volver a tratar la moción (ganada o perdida), la segunda invalida o anula el voto sobre un asunto y no se vuelve a tratar.

4. Adoptar una resolución

Esta es una moción principal tan importante, que requiere una fraseología apropiada. Cuando se quieren proponer varias resoluciones que se refieren a un mismo asunto, cada resolución constituye un párrafo que es introducido por la palabra *resuelto* e iniciado por la palabra *Que*. Las resoluciones referentes a distintos asuntos no podrán ser agrupadas en una sola proposición.

Si se quieren dar explicaciones sobre las resoluciones, se hará en forma de preámbulo, iniciando cada párrafo con la expresión *Por cuanto* y al final del último se da la frase *por tanto, sea*. Ejemplos de las proposiciones de una y varias resoluciones: Después de obtener el piso, un miembro dice: "Propongo la adopción de la siguiente resolución: Resuelto que esta organización provea los fondos necesarios para la comprar de libros para la biblioteca." El presidente, después de oír la secunda dice: "Ha sido propuesto y secundado que esta asamblea adopte la siguiente resolución: Que esta organización. . . ¿Hay discusión? Los que esten de acuerdo levanten la mano derecha, los que estén en contra levanten la mano derecha." Un voto mayoritario puede aprobar esta moción.

5. Enmendar documentos

Toda constitución debe describir los requisitos para ser enmendada. Uno de los requistos es notificar la intención de enmendar la constitución con bastante anticipación. Por lo menos se debe anunciar dos sesiones antes de la fecha en que se propondrá la moción de enmendar. El aviso deberá incluir la moción para que los miembros sepan la parte de la constitución que se quiere enmendar. Esta moción sólo puede ser aprobada por un voto de los dos tercios; y a veces se exigen tres cuartos. No hay que confundir esta moción con la *enmienda a la moción*.

6. Crear órdenes del día

Esta moción tiene por objeto asegurar que ciertos asuntos sean tratados a una hora y día determinados, acordándolo en una de estas dos formas: Por medio de una moción principal, si el asunto o negocio no está ante la asamblea; y por medio de la moción *posponer definitivamente*. Hay dos clases de órdenes: *general* y *especial*. Un *orden general* es un asunto que ha sido asignado por un voto mayoritario para ser tratado en determinada fecha y hora, pero no es de tanta urgencia como para no poder terminar el asunto que se estuviere tratando a dicha hora. Casi siempre un orden general se asigna para cierta sesión sin determinar la hora, para tratarlo como el primer paso en los negocios pendientes.

Un *orden especial* es un asunto predeterminado por una votación de dos tercios, por lo que puede interrumpir cualquier asunto, menos los de privilegio. Cuando se ha adoptado un programa de varios asuntos como órdenes del día sin fijar la hora exacta para cada punto, todos los asuntos serán considerados como *órdenes generales;* pero si se ha fijado el horario exacto, cada asunto será *orden especial.* Se puede extender el tiempo asignado para dichos asuntos, por medio de un voto de dos tercios. Un orden del día podrá ser considerado antes del tiempo asignado, si es necesario, por un voto de dos tercios que suspenda la regla *crear órdenes del día* o reconsiderando el voto de dicha regla.

Ejemplo de orden general como moción principal: "Propongo que la moción concerniente a la compra de un auto para la escuela sea un orden general para la sesión del próximo sábado por la noche." Despúes de oír la secunda, el presidente la presenta a la asamblea. Se requiere un voto mayoritario. También se puede hacer esto mismo por medio de la moción "posponer definitivamente y hacer de la moción un orden del día". La misma moción puede hacerse "orden especial" con un voto de dos tercios.

B. Mociones subsidiarias

Las mociones subsidiarias (dependientes) tienen como objetivo modificar o procesar la moción principal que se está discutiendo en la asamblea. Se llaman *subsidiarias* porque su existencia depende enteramente de la moción principal. Las mociones subsidiarias deben ser propuestas, discutidas y decididas mientras se está tratando la moción principal a la que se refieren. Eso significa que una moción subsidiaria es de rango superior y puede interrumpir el curso de la principal.

1. *Enmendar un moción*

El propósito de la moción *enmendar* es modificar una moción para que sea más satisfactoria a la asamblea. Hay tres clases de enmiendas: Enmienda *por adición o inserción* es la que añade a la moción algo que la hace más aceptable ante la asamblea. Por ejemplo, si se presenta una moción de "que esta clase haga un viaje al museo el próximo lunes", se podría dar más claridad al asunto enmendando la moción, añadiéndole la frase "por la mañana". En este caso, la enmienda deberá ser discutida y decidida por votación antes de seguir en la moción principal. Si la enmienda prevalece, la moción dirá: "Que esta clase haga un viaje al museo el próximo lunes por la mañana." Se puede enmendar también insertando en la moción la fecha "10 de abril" después de la palabra "lunes". Se procede como en el caso anterior. Ahora la moción leería así: "Que esta clase haga un viaje al museo el lunes 10 de Abril por la mañana."

Enmienda por *eliminación* es la que corta o elimina parte de la moción principal. Por ejemplo a la moción "que este club tenga reuniones de damas, caballeros, y niños, alguien podría proponer una enmienda por eliminación para cortarle la frase "y niños". La enmienda por *substitución* sirve para cambiar una palabra por otra en la moción. Por ejemplo, a la moción, "que se pinte este salón el jueves" podría quitársele la palabra "salón" y poner en su lugar "escuela".

Las enmiendas son de dos rangos: Una *enmienda a la moción* es una enmienda de *primer rango*, como las que hemos estado considerando arriba. También hay *enmiendas a la enmienda*, o sea una enmienda de *segundo rango*. Por ejemplo, mientras se discutía la moción principal: "Que se pinte esta escuela el jueves", alguien propuso enmendar, agregando "con pintura de agua". Se discutía esta adición cuando fue propuesta una enmienda a la enmienda insertándole la palabra "verde", después de "pintura". Primero se discutirá y votará sobre "verde", y luego por la enmienda enmendada "con pintura verde, de agua"; y por último, cuando ya no haya discusión, se tomará la votación por la moción general ya enmendada. Una recomendación final es que las enmiendas sean pertinentes o relativas a la moción, aun cuando están opuestas a la misma. Otra manera de enmendar la moción es dividiéndola en partes, cuando contiene más de un asunto.

2. Referir a un comité

Esta moción y la técnica que sigue prestan un servicio de gran importancia en las asambleas. Henry M. Robert dice que:

Mediante el nombramiento sensato de un comité,
se puede confinar y entregar el debate sobre asuntos
delicados y problemáticos a un grupo representativo, con
miembros de todos los partidos, para su consideración.[2]

Hall y Sturgis dicen que:

El propósito de la moción *referir a un comité* es capacitar a una asamblea para hacer una investigación privada, cuidadosa y detallada sobre cualquier asunto.[3]

Al proponer la moción "referir a un comité", debe especificarse en la misma a que clase de comité se encomendará la moción en proceso. Hay tres clases de comités a los que puede referirse una moción. En forma breve daremos una defición de cada tipo de comité.[4]

a. Comité especial. este comité consiste en un grupo de personas elegidas para realizar una tarea específica. Por ejemplo, si una organización decide tener una recepción, elegirá un comité para que se encargue de los arreglos respectivos. La existencia de un comité especial cesa cuando su informe es entregado a la organización.

b. Comité permanente. Este es un comité electo para desempeñar cualquier trabajo durante cierto período, usualmente de la misma duración que el término de los oficiales generales de la organización. Por ejemplo, un comité permanente de programa puede ser electo por el período de un año; durante ese tiempo, todo asunto relacionado a programa podrá ser referido a ese comité, si es necesario.

c. Comité del conjunto. Este no es un grupo pequeño y selecto, sino que toda la asamblea se constituye en comité y actúa como tal. Kerfoot dice:

> Es la misma asamblea constituida en una comisión para tratar un asunto referido a ella de manera menos formal y en un plazo determinado. En cualquier momento, un miembro de la asamblea puede presentar una moción pidiendo que la asamblea se constituya en comité del conjunto para considerar tal o cual asunto. Si la moción es aprobada, el presidente abandona su lugar, ocupa un sitio en la asamblea y se elige un presidente para dicho comité. El mismo secretario de la asamblea actúa como secretario del comité del conjunto.[5]

Si durante sus funciones este comité entra en dificultades, el presidente de la asamblea puede disolverlo y volver al orden regular. Cuando ha concluido la discusión, se debe tomar votación o llegar a un acuerdo formal sobre las decisiones del comité del conjunto y del informe que ha de rendir ante la asamblea. Una vez hecho esto, el comité se levanta, el presidente de la asamblea general vuelve a su lugar, llama a orden a la asamblea y pide que el presidente del comité rinda su informe. Este deberá ser aprobado por votación de la asamblea.

Ejemplo: "Propongo referir a un comité especial (o al comité permanente de transportes) la moción que está ante la casa" o "Propongo que esta asamblea se constituya en un comité del conjunto para tratar libremente esta moción que se está discutiendo". Ya se dijo que esto capacita a la asamblea para discutir la moción sin reglas de debate, pero siempre bajo cierto orden.

3. Posponer definitivamente

El propósito de esta moción es fijar una fecha definitiva para dar consideración al asunto que está ante la casa. Esta es muy parecida a la moción *dejar sobre la mesa*. La diferencia está en que esta última deja un asunto, con la posibilidad de *tomarlo de la mesa* en cualquier momento por un voto mayoritario; en cambio la moción *posponer definitivamente* deja momentáneamente el asunto pero establece el momento en que la asamblea debe volverlo a tratar.

Algunas advertencias con relación a posponer definitivamente: a) El tiempo fijado por esta moción no se puede pasar de la próxima sesión; de otro modo sería igual que posponer indefinidamente. b) No se puede posponer una moción para una fecha posterior al tiempo en que se realizaría su objetivo, si fuera aceptada. c) Si por causas justificadas, un asunto no puede ser tratado en el tiempo que determina la moción *posponer definitivamente*, dicho asunto se puede posponer. d) No se pueden posponer asuntos como *informes de comités* o *asuntos pendientes*. e) Cuando una moción ha sido propuesta, al llegar la hora en la cual debe tratarse, dicho asunto se convierte en *orden del día*, o se trae como *negocio pendiente*.

La fraseología de esta moción será: "Propongo posponer la moción que está ante la casa para la próxima sesión; o para el jueves 20 de abril a las 3 de la tarde; o hasta después de tratar el asunto de aumento de salarios".

4. Limitar el debate

Hay mucha similitud entre las mociones *limitar el debate* y *cuestión previa;* únicamente difieren en que la cuestión previa cierra el debate sobre un asunto para tomar votación; mientras que el límite al debate sólo restringe el tiempo, o lo distribuye. Hay cuatro maneras de limitar el debate, como se ve en los siguientes ejemplos:

a. Limitar el tiempo de cada orador, sin restringir el número de oradores: "Propongo que se limite el tiempo de cada orador sobre este asunto a dos minutos".

b. Limitar el tiempo de la discusión de cada moción o de una moción en particular: "Propongo que se limite el tiempo del debate sobre esta moción a treinta minutos".

c. Limitar el número de participantes de cada lado de la moción. Hall y Strugis dicen que "este es un método muy común en el Congreso de los Estados Unidos, pero no tanto en otros cuerpos parlamentarios. . . No es muy usual, a menos que ambos bandos hayan preparado a sus oradores".[6]

5. Cuestión previa

Esta moción es propuesta por alguien que quiere que ya no siga la discusión sobre determinada moción. Esta más que la anterior viola el principio de dar a cada moción derecho a pleno y libre debate, por lo que sólo puede ser aprobada por un voto de dos tercios. Robert dice que "el nombre *cuestión previa* es un nombre técnico, que literalmente no tiene un significado relativo al asunto en discusión, pero se usa para pedir el cierre del debate y la toma de votación".[7]

6. Extender el límite del debate

Esta moción subsidiaria sigue el mismo proceso de la de *limitar el debate,* pero hace un efecto opuesto a esta última, ya que en lugar de limitar el tiempo o el número de participantes, lo extiende. El voto para ambas es de dos tercios, ya que alteran un principio fundamental, según lo veíamos en el capítulo anterior.

7. Posponer indefinidamente

El objetivo de esta moción es suprimir la moción principal

que está ante la asamblea sin tener que votar por ella ni volverla a tratar en una fecha determinada. Este es un recurso usado por los oponentes de una moción: Si ganan, la moción difícilmente volverá a la asamblea y si vuelve será como una nueva moción principal. Modo de presentarla: "Propongo posponer indefinidamente la moción que está ante la casa."

8. Dejar sobre la mesa

El objetivo de esta moción es dejar a un lado la moción principal para seguir considerándola más tarde. Se pueden mencionar algunas razones para dejar una moción sobre la mesa: a) por carecer al momento de información necesaria para seguir tratando la moción; y b) por surgir otro asunto de mayor urgencia.

No se debe dejar sobre la mesa: a) una enmienda sin moción principal; b) un asunto a medio tratar; o c) una parte del reporte (debe dejarse todo). Esta moción no se discute, requiere un voto mayoritario y si fracasa sólo puede repetirse después de haber discutido por otro período considerable la moción principal. Para volver a tratar un asunto dejado sobre la mesa se necesita la moción principal *tomar de la mesa*.

C. Mociones incidentales

El general Robert dice que las mociones incidentales surgen de otras mociones y, consecuentemente, tienen prioridad sobre ellas, ya sean subsidiarias o principales; por lo que deben ser tratadas y decididas primero. Las mociones incidentales son de un rango más elevado que las que hemos estudiado hasta aquí. Estas aparecen repentinamente, ya sea por reacción a una moción principal o por la mala conducción de la sesión.

1. Objetar la consideración de una moción

La palabra *objetar* viene de dos palabras latinas: *ob* obstáculo e *iacere*, arrojar o lanzar. Lleva la intención de obstaculizar o evitar la consideración de una moción que puede ser contraria a los intereses de la organización; que no debe ser tratada en ese preciso momento o que no tiene ninguna importancia. Si la moción no debe ser tratada y ningún miembro ha objetado, el presidente puede hacerlo de dos maneras: declarándola fuera de orden o sometiendo a votación la consideración de dicho asunto.

Solamente se puede objetar la consideración de mociones principales y esto debe hacerse inmediatamente después de que la moción es presentada por el presidente. La fraseología debe ser: "Señor Presidente, yo objeto la consideración de esta moción". Sin esperar secunda, el presidente la anuncia y la somete a votación, de pie para poder contar los votos. Se necesita un voto de dos tercios para aprobar esta moción, porque viola un principio fundamental. (Ver la primera parte del capítulo 11.)

2. Suspender las reglas

Cuando se quiere hacer algo que aunque es beneficioso a la organización, las reglas parlamentarias lo obstaculizan, éstas pueden ser suspendidas momentáneamente por esta moción para sesionar sin reglas. Obsérvense las siguientes recomendaciones: a) No se pueden suspender la constituación, los estatutos, ni ningún manual superior a la asamblea. b) Se requiere un voto de dos tercios para aprobarla. c) No se suspende ninguna regla de protección para personas que estén ausentes. d) Ningún asunto nuevo puede ser introducido durante la suspensión, excepto la moción por la cual se suspendieron las reglas. e) Al terminar este asunto, las reglas entran nuevamente en vigor.

3. Cerrar la nominación

Cuando la nominación de candidatos para cualquier cargo se hace del piso, es decir, que son propuestos por la asamblea y no por un comité, puede ser necesaria esta moción. Puede ser que se estén mencionando muchos candidatos innecesarios o que se quiera limitar la oportunidad a los ya nominados. En tal caso cualquier miembro puede pedir el piso y decir: "Propongo que se cierre la nominación". Esta moción incidental requiere secunda, no se discute y demanda un voto de dos tercios. Si la moción fracasa, puede ser renovada después de, por lo menos, otro nominado.

4. Reabrir la nominación

Esta moción hace lo totalmente opuesto a la anterior. En el

supuesto caso de que ya se hubiera cerrado la nominación, si se juzga que aún queda un candidato que debe ser nominado y todavía no se ha empezado la votación, se puede proponer *reabrir la nominación*. Esta moción sigue el proceso de la anterior, con la excepción de que esta sólo requiere un voto mayoritario.

5. Retirar la moción

Esto se considera más bien como una solicitud de permiso para retirar una moción para que no sea considerada por la asamblea. Cualquier miembro puede retirar o modificar su moción como guste, antes de que ésta sea presentada por el presidente a la asamblea. Una vez secundada y presentada, la moción pasa a ser propiedad de la asamblea y únicamente se puede retirar por uno de los siguientes métodos: a) El que propone la moción pide el piso y dice: "Yo pido permiso para retirar mi moción". El presidente sin esperar secunda dice: "El miembro X pide permiso para retirar su moción. Si no hay objeción, la moción queda retirada". b) Si alguno objeta, lo cual puede hacerse sin pedir el piso y sin secunda, entonces se procede así:

Otro miembro, al obtener el piso dice: "Yo propongo que esta asamblea conceda permiso al miembro X para retirar su moción". Sin secunda ni debate, el presidente dice: "Ha sido propuesto que esta asamblea conceda permiso al miembro X para retirar su moción. Los que estén en favor digna 'sí'; los que estén en contra digan 'no'." Se requiere un voto mayoritario para ganar esta moción.

6. Punto de orden

El propósito de esta moción *punto de orden* o *cuestión de orden* es corregir inmediatamente a un miembro o al mismo presidente si en su intervención está cometiendo un error, ya sea con relación a las reglas parlamentarias o las de la asamblea. Esta moción es superior en rango a todas las incidentales, las subsidiarias y las principales. Puede proponerse en cualquier momento, sin esperar el piso; no requiere secunda, no se discute ni se lleva a votación. Es el presidente quien determina si la cuestión de orden está bien aplicada o no.

Debido a la premura en que surge, debe proponerse así:

"Señor Presidente, presento el *punto de orden*. Si otra persona está hablando, esta moción se presentará diciendo simplemente *punto de orden;* de otro modo, nadie sabría por qué el miembro interrumpe al orador. El presidente pedirá que el miembro explique su punto de orden. Si lo aprueba, pedirá al orador que se siente y hará que se corrija el error señalado. Si el presidente desaprueba el punto de orden y el que lo presentó no está satisfecho, puede *apelar de la silla.*

7. Apelar de la silla

Cuando el moderador se ha equivocado en algo y se ha propuesto y secundado la moción *apelar la decisión de la silla o presidencia,* el moderador se dirige a la asamblea diciendo: "La decisión de la silla ha sido apelada. Los que sostengan la decisión del presidente digan 'sí'; los que no la sostengan digan 'no'. "Si la mayoría sostiene la decisión de la silla, la moción pierde, si la la mayoría vota en contra, la moción prevalece y el presidente corregirá su actitud.

8. División de la casa

Esta moción sirve para que se repita la votación; pero ahora, poniéndose de pie, para que los votos de cada lado sean contados. Esto ocurre cuando se ha votado *a viva voz* y algún miembro duda de los resultados que ha anunciado el presidente. Dividir la casa o la asamblea, pues, consiste en declarar nulo el voto anterior, votar de pie y contar los votos. Esta moción requiere secunda, no es debatible y requiere un voto mayoritario.

9. Dividir la moción

La división de una moción es presentada por Robert como una enmienda, al decir: "La división de una cuestión realmente es una enmienda y está sujeta a las mismas reglas. En lugar de proponer una división, se lograrán idénticos resultados proponiendo una enmienda."[8] Cuando él presenta la moción subsidiaria *enmendar,* incluye la *división de la moción* como una cuarta enmienda.[9] Sin embargo, en la guía y comentario que Rachel Vixman hace de *Robert's Rules of Order,* en el diagrama de rangos de las mociones, presenta la moción *division of a question* como incidental.[10]

Nosotros, siguiendo a Hall y Sturgis, Kerfoot y otros, la presentamos como moción incidental, ya que surge de las deliberaciones, cuando en una moción hay dos asuntos diferentes. La razón de esto se establece en uno de los principios fundamentales: "sólo un asunto debe ser tratado a la vez". Esta moción no puede interrumpir al orador, requiere secunda, su discusión es limitada y requiere un voto mayoritario.

10. Información e información parlamentaria

Cuando un miembro necesita alguna información para su participación en la junta debe dirigirse al presidente, siguiendo el mismo proceso del punto de orden: "Señor Presidente, solicito información", o "solicito información parlamentaria", ya sea que la pregunta trate sobre algún detalle corriente, como la hora, el total de asistencia, etc., o sobre algún procedimiento parlamentario. No requiere secunda, no se discute y el presidente da la respuesta o se disculpa por no poder contestarla. En algunas asambleas se nombra a un parlamentario para que responda a las preguntas.

D. Mociones privilegiadas

Dejamos de último este grupo de mociones con la intención de destacar su importancia y superioridad sobre los tres grupos anteriores. Las mociones privilegiadas no tienen ninguna relación directa con la moción principal ni con las demás, pero debido a que son presentadas para resolver algún problema o una necesidad inmediata, deben ser atendidas a la mayor brevedad posible. De manera que en cuanto a rango, las mociones privilegiadas son las primeras; siguen las incidentales, luego las subsidiarias y finalmente las principales específicas, siendo la *moción principal* la de rango más bajo.

1. Fijar tiempo y lugar para reanudar la sesión

El propósito de esta moción es establecer el momento y lugar en que se reanudará la sesión actual. Esto no se refiere a las sesiones establecidas en los estatutos, sino más bien a la continuación de la presente sesión. Para fijar o cambiar el tiempo y lugar de una sesión regular se necesita una moción principal.

DIAGRAMA DE LAS MOCIONES

CLASIFICACION	PROPOSITO	¿P. int. al or?	¿Req. secundo?	¿Se p. discut.?	¿Se p. enmend.?	¿Voto requerido?	¿Se p. recons.?	¿Se p. renovar?
MOCION PRINCIPAL	Traer negocios a la asamblea para ser considerados	No	Sí	Sí	Sí	May.	Sí	P.S.
MOC. PRINC. ESPECIFICAS								
Tomar de la mesa	Traer de nuevo una moción	No	Sí	No	No	May.	Sí	D.D.
Reconsiderar	Invalidar un voto anterior	Sí	Sí	Sí	No	May.	No	No
Anular	Anular una votación tomada	No	Sí	Sí	Sí	2/3	No No	No
Enmienda de documentos	Corregir el acta o const.	No	Sí	Sí	Sí	2/3	No	P.S.
Adoptar resoluciones	Considerar varias decisiones	No	Sí	Sí	Sí	May.	Sí	P.S.
Crear ordenes del día	Fijar un asunto para próxima sesión	No	Sí	Sí	Sí	2/3	Sí	D.D.
MOCIONES SUBSIDIARIAS								
Enmienda a la moción	Modificar la moción	No	Sí	Sí	Sí	May.	No	No
Referir a un comité	Pasar el asunto a un comité	No	Sí	L	Sí	May.	Sí	D.M.
Posponer definitivamente	Retrasar la discusión de una moción	No	Sí	Sí	Sí	May.	Sí	D.M.
Limitar el debate	Apresurar la votación	No	Sí	L	Sí	2/3	Sí	D.M.
Cuestión previa	Suspender el debate y votar	No	Sí	No	No	2/3	No	D.M.
Extender el debate	Discutir ampliamente una moción	No	Sí	L	Sí	2/3	Sí	D.M.
Posponer indefinidamente	Dejar una moción sin tratar	No	Sí	Sí	No	May.	No	D.N.
Dejar sobre la mesa	Dejar a un lado una moción	No	Sí	Sí	No	May.	Sí	D.D.
MOCIONES INCIDENTALES								
Objetar	Negar consideración a una moción	Sí	No	No	No	2/3	No	No
Suspender reglas	Sesionar sin ley parlamentaria	No	Sí	No	No	2/3	No	No
Cerrar la nominación	Evitar más candidatos	No	Sí	No	No	2/3	No	D.N.
Reabrir nominaciones	Traer más candidatos	No	Sí	No	No	May.	No	D.D.
Retirar la moción	Permiso para retirar moción	No	No	No	No	May.	Sí	D.D.
Punto de orden	Corregir errores en la discusión	Sí	No	No	No	Fr.	No	No
Apelar de la silla	Corregir al presidente	Sí	Sí	L	No	May.	Sí	No
División de la casa	Votar de pie	Sí	Sí	No	No	May.	No	No
Dividir la moción	Separar mociones confundidas	No	Sí	L	No	May.	Sí	D.D.
Información	Hacer preguntas necesarias	Sí	No	No	No	Fr.	No	No
MOCIONES DE PRIVILEGIO								
Fijar próxima sesión	Establecer tiempo y lugar	No	Sí	L	Sí	May.	Sí	No
Levantar la sesión	Despedir la junta	No	Sí	No	No	May.	No	D.D.
Cuestión de privilegios	Satisfacer una necesidad	Sí	No	No	No	Fr.	Sí	D.D.
Tomar un receso	Dar un periodo de descanso	No	Sí	L	Sí	May.	Sí	D.D.
Llamar a orden del día	Recordar un asunto olvidado	Sí	Sí	No	No		Sí	D.M.

En inglés esta moción se confunde a veces con la moción *levantar la sesión*, porque para ambas se usa el término *adjourn*, que significa tanto suspender como trasladar. La fraseología que estamos usando aquí es tan clara que sólo resta enfatizar que: a) Esta moción no es para levantar la sesión; b) no se refiere a la próxima sesión regular; c) se usa esta moción cuando una sola sesión no es suficiente y d) una sesión reanudada, es legalmente la misma sesión. Ejemplo: "Propongo que al levantar la sesión sea para reanudarla el jueves a la 8 p.m. en este mismo lugar".

2. *Levantar la sesión*

La moción para levantar o terminar la sesión se presenta como privilegiada porque es posible que uno o varios miembros tengan urgencia de retirarse. Por otra parte se debe aclarar que hay dos formas de presentar esta moción. a) *Forma calificada*, indicando la hora para levantar la sesión, o cuando se debe volver a reunir la asamblea. Ejemplo: "Propongo que la sesión sea levantada dentro de 10 minutos", o "inmediatamente"; o "Propongo que la sesión sea levantada y nos volvamos a reunir mañana a las 8 a. m.". b) La *forma no calificada* sería: "Propongo que se levante la sesión". Requiere secunda, no se discute, requiere un voto mayoritario y si fracasa, puede ser renovada después de haber tratado otro asunto.

3. *Cuestión de privilegio*

Esta moción tiene como fin prestar atención inmediata a un miembro sobre un asunto que tiene que ver con las necesidades, conveniencias, derechos o privilegios de dicho miembro o de la asamblea. Ejemplo: "Señor Presidente, cuestión de privilegio. Suplico que se cierren (o abran) las puertas y ventanas"; o "Necesito salir". Es el presidente el que concede esta cuestión. Si la negara, el miembro debe sentarse, o si el caso lo requiere puede "apelar la decisión de la silla".

4. *Tomar un receso*

En sesiones largas o cuando se juzga conveniente se puede tener un intermedio o receso. La moción debe incluir la duración del intermedio. Por ejemplo: "Señor Presidente, propongo que esta asamblea tome un receso de 10 minutos''. Requiere secunda, es de discusión limitada, requiere un voto mayoritario y se puede renovar después de tratar otro asunto.

5. Llamar a órdenes del día

Cuando se ha asignado un asunto para ser considerado a cierta hora y fecha y llega el momento indicado, cualquier miembro puede presentar esta moción, si acaso el presidente no lo hace. Se recordará que la moción principal *crear órdenes del día* puede establecer un orden general o especial. Si el orden del dia es general, el presidente esperará terminar el negocio pendiente para traer dicho asunto; si se trata de un orden especial, el presidente traerá el asunto aunque haya un asunto ante la mesa. No es necesario votar por esta moción, pues sólo sirve para recordar un asunto ya asignado para el momento.

Ejercicio y aplicación

1. ¿Qué es una moción principal?
2. ¿Qué asuntos no se deben proponer a una asamblea?
3. Describa las diferencias entre *dejar sobre la mesa* y *tomar de la mesa*.
4. ¿Qué funciones desempeña la moción *reconsiderar*?
5. ¿Por qué sólo puede proponer *reconsiderar* un miembro que ha votado del lado ganador?
6. ¿Cuál es la diferencia principal entre *reconsiderar* y *anular*?
7. Dé un ejemplo de una carta de varias resoluciones de la misma especie para ser propuesta a la asamblea.
8. Explique qué es *orden general* y *orden especial* en una moción *crear órdenes del día*.
9. ¿Qué se entiende por *subsidiarias*?
10. ¿Cuántas clases de enmiendas hay?
11. Haga una moción en la que pueda ilustrar las diferentes clases de enmienda.
12. ¿Por qué se refiere un asunto a un comité?
13. Explique las tres clases de comités que hay.
14. ¿Cuándo tiene más autoridad un grupo: cuando actúa como asamblea o como comité del conjunto?
15. ¿Qué diferencia hay entre *posponer definitivamente* y *dejar sobre la mesa*?

16. ¿Cuáles son las maneras de limitar el debate?
17. ¿Para qué sirve la *cuestión previa*?
18. Usualmente, ¿quienes hacen uso de la moción *posponer indefinidamente*?
19. ¿Qué asuntos no se pueden *dejar sobre las mesa*?
20. ¿Cómo definiría usted las mociones *incidentales*?
21. ¿Cuál es la intención de la moción *objetar*?
22. Mencione las recomendaciones sobre *suspender las reglas*.
23. ¿Para qué sirve la moción *cerrar nominación*?
24. Mencione los dos métodos para *retirar una moción*.
25. ¿Qué es *punto de orden*?
26. ¿Cuándo y a quién se apela *de la silla*?
27. Explique qué es *división de la casa*.
28. Explique si *dividir la moción* es una moción indicental o subsidiaria.
29. ¿Con qué fin se presentan las *mociones privilegiadas*?
30. ¿Cuáles son los dos significados de la palabra inglesa *adjourn*?
31. Explique cuál es la *forma calificada* de la moción *levantar la sesión*.
32. Escriba un ejemplo de *cuestión de privilegio*.
33. ¿Qué relación y qué diferencias hay entre *llamar a órdenes del día* y *crear órdenes del día*?

---

[1] *Robert's Rules of Order*, p. 31.
[2] R.R.O. p. 48
[3] Hall y Sturgis, *Textbook on Parl. Law* p. 135.
[4] *Ibíd*. p. 115.
[5] H. F. Kerfoot, *Reglas Parlamentarias*, C.B.P., 1975 p. 65.
[6] Op. Cit., p. 49.
[7] R.R.O. p. 43.
[8] R.R. p. 30.
[9] *Ibíd*. p. 49
[10] *Ibíd*. p. 84.

BIBLIOGRAFIA

Baynton Lewis D., et al., *Contabilidad práctica del siglo XX* (Cinncinati, Ohio: S. W. Publishing Co., 1974).

Berkhof L., *Systematic Theology*, (Grand Rapids, Michigan: Eerdmans Publishing Company, 1962).

Broadus J. A., *Tratado sobre la predicación*, (El Paso, Texas: Casa Bautista de Publicaciones, 1974).

Byrne Donn, *An Introduction to Personality*, (New Jersey, Prentice-Hall Inc., 1974).

Calderón Wilfredo, *Manual de escuela vacacional*, (Guatemala, 1967).

Carnegie Dale, *Cómo ganar amigos e influenciar sobre otros.* (Buenos Aires, Argentina: Editorial Sudamericana S. A., 1959.

Clásicos Jackson, *Las mil y una noches*, El Maestro Lisiado. Tomo 39.

Costas Orlando E., *Comunicación por medio de la predicación.* (Barcelona, España: Vimasa, Inc. Gráficas, 1972).

Crane George W., *Psychology Applied*, (Indiana, Hopkins Syndicate, Inc., 1964).

Diccionario Científico Ilustrado, (New York: Editors Press Service, Inc. 1966).

Dobbins, *Aprenda a ser líder* (Casa Bautista de Publicanes, 1969).

Drucker Peter F., *Tecnología, Administración y Sociedad*, (México: Impresora Galve, 1972).

Enciclopedia Británica, Vols. 6 y 19, *Organization of Work*, 16th edition, 1974.

Fayol Henry, *Administración industrial y general*, (México: Herrera Hnos., 1973).

Gause R. H., *Church of God Polity*, (Cleveland, Tennessee: Pathway Press, 1973).

Greek Alford's Testament, *Katá Mattaion*, (Grand Rapids, Michigan: Guardian Press, 1976), Vol. I.

Gregory J. Milton, *Las siete leyes de la enseñanza*, (El Paso, Texas. Casa Bautista de Publicaciones).

Gulick Luther y L. Urwick, *Papers on the Science of Administration*, (New York: Columbia University, 1937).

Hall Alta B. y Alice F. Sturgis, *Textbook On Parliamentary Law*. (New York: The Memillan Co., 1923).

Kerfoot, *Reglas parlamentarias*, C.B.P., 1975.

LaHaye Tim, *Spirit-Controlled Temperament*, (Wheaton, Illinois: Tyndale House Publishers, 1976).

Manual de Enseñanzas, Disciplina y Gobierno de la Iglesia de Dios, sexta edición, 1976.

Nesman Edgar, *Superación comunal*, (Costa Rica: Alfalit Ltda. 1972).

Odiorne George S., *Administración por objetivos*, (México: Editorial Limusa-Wiley S.A., 1973).

Pfiffner John M., *The Supervision of Personnel*, (Englewood Cliffs: Prentice-Hall, 1960).

Puigvert Alfredo, *Manual de relaciones humanas*, (Madrid: Selecciones Gráficas, 1969).

Read William, V.M. Monterroso y H.A. Johnson, *Avance evangélico en la América Latina*, Casa Bautista de Publicaciones, 1971.

Reyes Ponce Agustín, *Administración de Empresas*, (México: Editorial Limusa — Wiley, 1973), Tomos I, II y III.

Robert Henry M., *Robert's Rules of Order*, (New Jersey: Fleming H. Revell Co., 1973).

Sedwick Robert C., *Interaction Relationships in Organizations*, (New Jersey: Prentice-Hall Inc. 1974).

Sferra Adam, M. E. Wright y L. Rice, *Personalidad y relaciones humanas"*, (México: Libros McGraw-Hill, 1972).

Shaw Marvin E., *Group Dynamics*, (New York: McGraw-Hill Inc., 1974).

Strong H., *Systematic Theology*, (Westwood, New Jersey: Fleming H. Revell Company, 1962).

Swing Ernest Williams, *Systematic Theology*, (Springield, Mo. Gospel Publishing House, 1953, Vol. I).

Taylor Frederick W., *Principios de la Administración científica*, (Herrera Hnos. Sucs., México: 1973).

Terry George R., *Principios de Administración* (Compañía Sartorial Continental, México, 1974).

Thayer Joseph Henry, *Greek-English Lexicon of the New Testament*, (Delawere: The National Foundation for Christ, Ed.).

Velásquez J. y González Alameda, *Manual de Psicología Elemental*, (México, Avelar Hnos. Impresores S.A., 1973).

Wheler Ladd, *Interpersonal Influence*, (Boston, Allyn And Bacon Inc., 1975).

Zax Melvin and Gerald A. Specter, *An Introduction to Community Psychology* (New York: John Wiley and Sons Inc., 1974).

Nos agradaría recibir noticias suyas.
Por favor, envíe sus comentarios sobre este libro
a la dirección que aparece a continuación.
Muchas gracias.

Vida@zondervan.com
www.editorialvida.com